民族医药营销与
品牌文化建设研究

盛德荣 著

 中国言实出版社

图书在版编目（CIP）数据

民族医药营销与品牌文化建设研究 / 盛德荣著. --
北京：中国言实出版社，2015.5（2024.8重印）

ISBN 978-7-5171-1282-2

Ⅰ.①民… Ⅱ.①盛… Ⅲ.①民族医学－药品－品牌
营销－研究－中国 Ⅳ.① F724.73

中国版本图书馆 CIP 数据核字 (2015) 第 075848 号

责任编辑：史会美

出版发行 中国言实出版社

    地 址：北京市朝阳区北苑路 180 号加利大厦 5 号楼 105 室

    邮 编：100101

    编辑部：北京市西城区百万庄大街甲 16 号五层

    邮 编：100037

    电 话：64924853（总编室）64924716（发行部）

    网 址：www.zgyscbs.cn

    E-mail：zgyscbs@263.net

经 销 新华书店

印 刷 三河市宏顺兴印刷有限公司

版 次 2015 年 5 月第 1 版 2024 年 8 月第 3 次印刷

规 格 880 毫米 ×1230 毫米 1/32 8.625 印张

字 数 160 千字

定 价 54.00 元 ISBN 978-7-5171-1282-2

前 言

　　民族医药市场营销的理论与实践研究是市场营销学在医药产业领域的重要研究内容。本书旨在对民族医药营销与民族医药品牌建设作一个整体性研究。"习惯"上认为品牌建设与市场营销是企业管理的两个子系统，或者说品牌建设隶属于市场营销，本书试图改变这种认识（至少提出一种不同于这种"习惯"的认识）。民族医药市场与一般商品市场既有一些相同的原则和特征，也有其独特性。这种独特性根源于民族医药的独特功能和它在文化传承上的特殊使命。医药消费包括主动性医药消费，也包括被动性医药消费。主动性医药消费是指人们基于一定的医药健康卫生知识而自觉寻求医药消费的行为，主要是非处方药物的消费和保健品的消费；被动性消费指的是由于疾病的出现，人们不得不接受医生或药师的建议进行的医药消费。本书所讨论的医药营销和医药品牌建设中所涉及的内容仅限于主动性医药消费领域。

民族医药品牌建设与市场营销之间存在着内在统一性。医药营销是民族医药品牌建设的重要途径，通过营销而促进品牌力的再生产；民族医药品牌建设也是医药营销的重要手段，通过品牌建设而激活医药消费的潜力。民族医药品牌建设与市场营销之间的内在关联更加体现在民族医药文化的传承与发展上。本书第一章"文化哲学视域下的民族医药营销与品牌建设"讨论的就是品牌建设与文化传统、医药营销与伦理精神、医药消费与受众心理等重要问题。在文化哲学的宏大价值体系下确立民族医药市场营销与品牌建设研究框架的前提下，第二章"民族医药营销管理与医药品牌建设研究现状"对民族医药市场营销与品牌建设研究现状作了简单介绍，并重点讨论新时期民族医药市场所面临的机遇和挑战。第三章主要探讨民族医药市场营销的主要模式和策略，对要素化组合营销模式作了介绍和例证，要素化组合营销是一种动态模型，它的优点是随着市场变动而具有重新组合营销要素的灵活性。第四章对"民族文化与医药品牌生成"进行了专门研究，认为传统医药文化经历了附魅、祛魅与返魅的过程，而持续不断的再祛魅是历史发展的必然营销实践的需要。民族医药品牌建设应诉诸整体性思维，包括传统文化、区域文化、民族文化等对民族医药品牌的建设都有着至关重要的作用。第五章主要研究民族医药品牌建设与价格策略之间的关联。本书不认为价格策略仅仅是一种营销手段，在民族医药产业领域更是一种品牌定位的途径。第六章"民族医药品牌成就的评估与反馈"则从民族医药品牌的建构反馈机制作用方式的视角对建设更优质民族医药品牌提出了建设性的思路。

简而言之，本书是作者对民族医药市场营销与品牌建设之内在关联的理论认识，它在实践上的有效性需要进一步的理论论证和实践证明。无论结论与论证方式存在怎样的偏差，本人以为，本书所坚持的整体性思维与传统民族医药的整体性思维是符合理性与实践之需要的。当然，对于一切来自知识界和实业界的批评，本书作者将深表感激。

目　录

第一章　文化哲学视域下的民族医药营销与品牌建设

　　商品经济是以交换为目的进行生产的经济形态。商品交换在市场经济发展到一定程度以后，营销便成为专门的手段和经济运作。市场营销学是建立在经济学、管理学、行为科学、心理科学、公共关系学、文化学基础上的一门综合性应用学科。这门产生于美国等发达资本主义国家的管理科学分支学科已经渗透到市场经济的各个领域，成为市场竞争的重要部分和关节点。随着市场经济向纵深发展，市场营销的作用会越来越大。正确运用营销学的原理、方法、手段使企业节约（人、财、物）成本、实现（经济和社会）价值成为现代企业管理的重要内容。

　　品牌建设是企业成长的灵魂。什么叫品牌？过去人们认为，所谓品牌就是"企业为自己的商品确立的一种名称、术语、标记、符号或设计，或是它们的综合运用，其目的是使消费者能够在众多的商品中辨认出自己的商品，并把它们与竞争对手的商品区别开来"。[①]后来人们认为，"品牌是产品整体观念的重要组成部分之一。品牌又称为产品的牌子，它是制造商或经销商加在产品上的标志，是指用来识别卖者的产品或劳动的名称、符号、象征、设计，或由它们构成的组合，用来区别本企业与同行业其他企业同类产品的商业名称"。[②]纪宝成主编的《市场营销学教程》认为，品牌包括了可用语言表达的和不可用语言表达的两部分。郭国庆主编的《市场营销学通论》中则直接采信了菲利普·科特勒在《营销管理》一书中的观点和表达，分别从属性、利益、价值、文化、个性、用户六个方面来阐述品牌的整体含义。

民族医药消费随着健康事业的发展成为重要的消费行为，它是在民族医药产品成为重要的消费品的社会发展阶段所出现的一种新的市场实践活动。民族医药在营销过程中除了具有与一般市场营销部分相似的作用与规律外，还有自身独特的功能和规律。民族医药营销所追求的价值除了经济效用外，对社会效用的追求要甚于其他产品的营销。在民族医药产品的营销过程中承载着传播民族医药和弘扬民族医药文化的历史重任。从而，民族医药营销与民族医药品牌建设乃是同一实践活动的两面。前者实现民族医药的经济价值，而后者实现品牌传播的文

---

① 朱成钢. 市场营销学. 上海：立信会计出版社，1999：156.

② 侯贵生. 市场营销学概论. 上海：复旦大学出版社，2007：215-216.

化价值。当然，这两者的融通更多地体现在它们的内在互构和互文。营销策略构成了品牌价值的行动基础，品牌影响力构成了营销进展的驱动力。营销方案和渠道（进一步拓展为民族医药产品的营销品牌哲学）在某种程度上成为品牌价值的外部特征，品牌价值则凝结为一种带有一定隐性秩序的营销文化。

第一节　品牌建设与文化传统

　　我国幅员辽阔，少数民族医药与汉民族医药历史悠久、源远流长。随着现代化进程的加快和人们对健康产品的进一步关注，需要民族医药品牌建设从一种传统文化符号转化为一个现代民族医药文化品牌，走民族文化品牌发展道路。民族医药产品品牌的建设主体应进一步深入挖掘传统文化资源并充分利用它们来丰富品牌文化的内涵。创新是民族文化发展的不竭动力，我国传统民族医药产业文化的生产和创造是民族医药发展回应世界全球化挑战的必然应答。这就要求企业经营者加强对传统文化的理解和开发，在坚定传统民族文化特色和借鉴现代医药产业技术成果的基础上进行大胆创新，力争打造民族医药精品，探索出适合自身发展的民族医药文化品牌建设之路。

（一）品牌建设植入传统文化的重要性

　　随着人们品牌意识的普遍提高，消费者对品牌的关注，或者说对产品价值链的关注已经超越了产品的物理属性和物理功能。当前许多企业都认识到挖掘品牌文化内涵的重要性，一些老字号民族医药厂家努力重振和发挥品牌中所蕴含的传统文化价值观，而新的医药产品也打出现代高新技术品牌的旗号。市场竞争成为品牌较量，商家开始尽量在品牌建设中浸润文化元素——民族文化、传统文化等，以及各种稀异的文化理念和文化形态，这些成为品牌附加值的重要载体。

"甚至在中国的外资品牌也极力强化品牌与中华传统文化的关联。"[①]传统文化对于品牌建设的促进作用是显而易见的，因为它阐明了品牌文化营销的合理性，事实也证明传统文化比现代文化在刺激消费者的品牌敏感方面更为有效。

我国社会正处于转型期，民族文化得到一定的发展，西部大开发如火如荼。邓小平关于"两个大局"的思想正在落实，西部大开发对边疆、对少数民族地区的后发赶超有着十分重要的意义。民族医药产品的开发以及它的品牌化发展策略为新的经济增长点带来了福音。地方文化品牌建设在宏大框架中落实为具体的行动方案，为民族医药品牌建设带来了经济发展和文化繁荣的双重效应。这对于民族文化应对全球文化的挑战、传统文化应对现代文化的挑战具有非常重要的意义。西方的"文化霸权主义"及现代医药科技的发展对民族传统医药文化传承与发扬带来一系列挑战，引起了一些

①郭晓凌，张梦霞.品牌敏感的文化价值观动因研究——兼论产品利益属性的调节作用.财经问题研究，2010（11）.

人的恐慌。[①]

（二）民族文化融入民族医药品牌建设中的方法

民族医药品牌建设的过程应遵循一些基本原则，以便达到这样的目的：民族医药产业不断繁荣发展，传统医药文化不断开拓创新；既增加了社会的物质财富，又促进了文化事业的繁荣；既使经济增长进入科学发展和可持续发展的轨道，又有利于增进人们的健康和幸福等。那么，在民族文化融入传统医药产业的过程中，需要遵循哪些原则呢？

第一，传统医药文化以救死扶伤、治病救人为第一要义，民族医药品牌建设不能离开这个要义而独立发展。

第二，传统文化讲究天人合一，民族医药产业的发展不能以破坏自然为手段，"在品牌建设中应把当前的利益与社会的长远利益相结合，着眼于文化品牌建设对当地人民生活水平提高和区域经济发展的推动作用，品牌建设要注意保护传统文化也要注意保护生态环境。"[②]

第三，传统文化重义轻利，民族医药文化产业化的道路必然面临着道德审查与市场审查的双重关卡，在这两个审查中要兼而顾之，实现经济效应与伦理效应之间的平衡。

---

①杜芳娟，朱竑.中国民族文化研究态势与审思——基于国家社会科学基金资助角度.人文地理，2010（4）.

②曾妮娜.浅议旅游文化品牌的建设.市场论坛，2011（3）.

第四，传统医药文化必然面临着西方文化的挑战，我们需要在文化自觉和文化自信的基础上发展民族医药产业，建设民族医药品牌。同时，传统医药文化也面临着现代医药科技的挑战，传统医药文化产业需要经受住现代高新科技的检验，并在现代科技发展的进程中与时俱进，而不可抱残守缺，顽固不化。

第五，民族医药品牌建设与民族医药新品种开发需要倚重传统文化，在发展经济的同时，弘扬传统文化，保持民族文化个性，"从而做大产业集团，打造一批知名传统文化品牌，通过多产业和企业间的协同经营，带动域内传统文化品牌建设和文化产业水平"。①

第六，民族医药品牌建设以增进品牌体验之舒适性和品牌黏性为宗旨，在某些"保密配方"的民族医药产品研发与营销中不能重新返回到巫术迷信的轨道上去，应使民族医药文化成为先进文化的承载者，让民族医药品牌传播响应先进文化的号召。

在遵循上述原则的前提下，民族传统医药产业执行品牌建设与培育的具体措施是灵活自如的。它不拘泥于现成的方法和途径，但基本的方法有如下几条：

第一，传统文化若要成为品牌的灵魂和核心价值体系，那么，传统文化自身的现代化是必不可少的条件。因此，建设民族医药品牌不能为"品牌"而建设"品牌"。品牌建设的着力

---

①王焯.传统文化品牌区域产业化解析与建构——以辽宁为例.中国商贸.2012（9）.

点在品牌之外，只有切实抓住了品牌的精神内核，品牌建设才能事半功倍。

第二，在传统医药文化品牌建设的基础上，需要加强与相关产业的融合。民族医药并非独立的"单子"产业，而是必然面临着如何在各种关系中扩大其影响和追加价值的问题。将传统文化植入民族医药品牌建设需要加大对文化品牌化解析的符号学运算工程（工艺美术、传统绘画、现代艺术）、高科技生产装备生产企业、高精尖医药技术研发机构等的联合与合作。

第三，医药营销是民族医药品牌强化的重要路径。这一点在后面还将继续深入论述。这里只说两个方面：一方面，民族医药营销蕴含着经济价值之外的社会价值；另一方面，民族医药营销助推医药品牌的扩散，而营销手段和策略也构成品牌的个性因素。

第四，民族医药产品的品牌建立在一定的神秘性上，尽管这种神秘性需要在现代文明的作用下被不断去除，但新的神秘性必然不断产生。这既是民族医药文化整体性思维和模糊化思维方式的结果，也是对民族医药产品本身个性的尊重。某些民族医药产品并不必然能够被当代科学所论证，但它的有效性并不阻碍其可能成为新的科学研究的重要对象。所以，神秘性文化在现实世界中不断演绎着新的品牌故事和品牌意蕴。

第五，传统文化和民族文化让民族医药品牌建设富有个性，这离不开对传统文化的积淀。民族文化是一种资本，在民族医药产业发展中更是一种强力资本。利用资本增值的逻辑和文化扩散的内在机制，生成新的品牌路径和经济思想。

以上五项仅为民族医药品牌建设的宏观方法，其具体方式将更为丰富。"改革开放以来，我国的品牌建设取得了历史性突破，出现了具有较强竞争力的品牌群体，一些品牌主动而积极地融入到世界品牌竞争的潮流中。……相对于西方文化而言，中国传统文化既有有利于品牌建设的长处，又有不利于品牌建设的缺陷。"①在民族医药品牌建设的过程中，坚持"经济—文化—艺术—医疗"有机结合的方案是必不可少的。现在一些医药营销专家仅从实现医药产品的利润着手来研究它的营销策略显然是不符合医药营销的特定立场的。

（三）民族医药品牌的价值增值与文化赋值

当今社会，没有人会反对经济的价值在于价值链的不断延伸。而价值链的延伸逐渐从实物走向精神，从身体感官的体验迈向心理的体悟，从基本需求转向社会意义的寻求。这种价值链不断在消费者的交流中得到扩大。整个市场营销无非就是不断发现和挖掘消费者需求的过程。从产品的立场转向消费者的立场，从不断宣扬商品的质量和功效转向不断挖掘和培育消费者的需求，这是物本经济向人本经济转化的重要端倪，从此开启了新的经济常态。

文化赋值对民族医药品牌建设的重要作用体现在三个方面：

第一，文化赋值是民族医药产品的灵魂。在健康产品的

---

①曹垣.浅谈中国传统文化对品牌建设的影响.企业活力，2008（8）.

营销策划中，不可避免地需要考虑心理安慰和心理介入对产品功效发挥大小的影响，文化赋值有利于增强消费者对产品的信心。

第二，文化赋值是消费者价值链延伸的心理空间方向。消费者价值链的延伸既有物理空间方向，也有心理空间方向。物理空间方向在产品的属性和功效的应用上开发出更多的潜能，而心理空间方向上的价值链延伸指向了人的心理诉求和期待。前者具有有限性，在一定时期内，物理空间的延伸受到科学技术的严重制约，而后者则具有较大的自由度，在一定时期内的延伸程度不受产品实际功效大小的限制。

第三，文化赋值使民族医药产品应对时代化、全球化时具有更多的战略优势，这种优势体现在文化的异质性上。任何一个民族的文化体系都具有不可复制的内在差异性，这是基于文化传统和自然条件的演化长期形成的，因而其他民族和地区要想复制和再生产相似的文化体系是非常困难的。特定文化体系再生产的困难就是该文化体系的异质性问题，它构成了市场竞争的比较优势。

（四）品牌建设与文化传统内在勾连的逻辑形式

"在市场经济条件下，企业的竞争转向品牌的竞争，企业品牌文化的建设需要品牌愿景做指导，老字号企业要结束品牌愿景缺失的时代，在对企业自身悠久历史和文化积淀的了解和研究下，挖掘深层文化底蕴，并实现传统文化和品牌建设的融合。树立合理的品牌愿景，促进品牌愿景和发展环境的互动，并将品牌愿景贯彻到企业经营中去。"[1]品牌建设与文化传统之间的关系不是孤立存在的。它们之间的内在联系不是依靠外在强力就能实现的，有其深刻的必然性力量，这个力量就是潜蕴在经济规律与文化发生学机制下的资本逻辑和文化逻辑的铆合。

资本逻辑是资本增值性内在要求的外化。它收缴一切有碍于资本增值的力量。资本逻辑在商品经济时代逐渐取得了高于政策力量和权力意志的独特地位，在市场经济条件下，资本的演化逻辑就是自身的不断否定，它拒绝自己的存在形式，而力求实现一种交换，因为资本害怕静止不动。资本对自身形态的不断否定和不满，使得资本必须在运动中创造新的机会。资本的多动症是资本的本质属性决定的，它在时间上试图穿越一切历史时间获得利润，在空间上则通过流通速度来缓减空间格局带来的压抑。

民族医药产业在市场经济时代经常受到资本的牵引，成为不断运动的物质载体。民族医药企业的厂房、原材料以及成品，作为资本的形式不可能有喘息的机会，必须在不停的运动和转化中才能立足。这样，它就必然从物质属性的立场转移到消费者的立场去考虑人们是否能够接受这样的产品。文化赋值正是健康类产品拉拢自己的消费群体的重要手段。在这个手段的运用中，文化自身的逻辑得到展开。

---

①吴国峰.中华老字号品牌的传播研究.东方企业文化，2014（8）.

那么，文化发生学告诉我们企业品牌的授受关系机密在哪里呢？文化的发生说到底是人化，而"人化"是通过"化人"而实现的。也就是说，文化的发生乃是这样一个圆圈：人化—化人—人化……化人—人化。现实文化是人的生存和消费的基点，人们正是站在一定的文化土壤上进行消费和生产的。人们生产什么、消费什么均出自于一定的文化需求，毋宁说它本身就意味着一种消费文化和生产文化。在这样的基础上，文化教育人们正确的消费观念和先进的消费观念是什么，正确的消费方式和生产方式是什么。这构成了人们的消费意愿和生产期望。民族医药产品品牌的文化化道路建立在这样的文化逻辑和资本逻辑之上。这是一种发生学和经济内在性的驱动机制。

（五）民族医药品牌建设的文化化意义

民族医药产品要想得到长足发展，就应突出民间传统文化特色、以创新元素为动力、以健康事业发展为依托、以品牌建设为目标，要将这几个方面有机结合起来。再结合当地的具体情况，使本地的民族民间医药产品能走出一条适合自己发展的道路，实现良好的经济效益和社会效益。从而让民族医药文化发扬光大，并由此带来巨大的市场效应。随着现代人对健康的关注越来越密切，民族医药企业应抓住发展机遇，从创新驱动、转型发展、品牌建设和中华传统文化的弘扬、学习、践行等方面深入探索企业的发展之道。"儒家文化作为中国传统文化的瑰宝，以它的仁义、和谐、礼仪等特点积极影响着企业的文化品牌建设，使企业形成具有自身特色的品牌文化。"①

产业文化化是指产业通过文化植入或者进行企业文化建设而获得更多的延伸价值。初级产品追求的是物质产品的自然属性和它对人的生理功能的满足，高级产品已经不满足于这样的效用关系，而是要在人们获得功能性满足以后获得非功能性的心理满足。民族医药品牌与传统文化的融通在这方面有着十分重要的意义，最重要的意义莫过于它使民族医药品牌具有相对稳定性。

民族医药品牌的相对稳定性有赖于企业文化的建设。在当代企业管理上，这是一个值得争议的问题：现代企业相对稳定的是企业文化还是企业生产线？有人认为，现代企业要与时俱进，不断开创适合于当代人生理心理需要的医药产品；也有人认为，医药企业要不断创新管理体制，在企业文化上不断开创时代潮流。这两种论调都有一定道理。但是，相对稳定的东西肯定是品牌文化而不是品牌产品。这是为什么呢？因为，企业文化是一个企业的凝聚力和灵魂，形散而神不散是企业管理的精要。一个企业可以不断开发新产品、提供新服务，但是不能不断变化自己的经营理念和品牌文化。由此也可以看出，民族医药品牌建设最为核心的东西就是品牌文化的建设。

我国民族医药品牌的发展历程很长，但是作为一种文化自觉的历程却很短。民族医药产业化发展是改革开放以后才逐渐兴起

①陈涛，魏咏梅，龙露. 儒家文化对企业文化与品牌建设的影响研究. 现代物业（中旬刊），2012（32）.

的，早些年在医药产业上遵循的是计划经济体制的规律和逻辑，而在市场经济和资本逻辑的介入下，现代民族医药品牌建设随着国际医药市场竞争的加大而显得尤为迫切。"避免肤浅化和同质化一方面，我们会发现现阶段众多中小企业在建设品牌的过程中加入了中国传统文化元素，但是深得中华文化神韵的企业寥寥无几，大多数企业只是肤浅地利用传统文化来迎合消费者。"[①]

（六）民族医药品牌与创意文化产业的融合

创意文化产业具有丰富的内涵，包括非常广泛的经济活动和文化活动。民族医药品牌建设与文化创意产业具有相互促进的重要作用。显而易见的是，文化创意产业在传播民族医药的过程中具有无可比拟的优越性。要通过各种途径传播民族医药品牌，扩大民族医药产品的影响力。同时，创意文化产业还能设计和策划出一系列营销方案与文化发现机制。民族医药品牌的文化价值在于发现过程的揭露。人们只有获得轻易进入这种文化内部的权限时才能熟练知晓该医药品牌的内在价值。那么，进入一种文化的内部所需要的权限由什么决定呢？很重要的一个因素就是教育。这是一种广义的教育，是施教者对消费群体的知识性灌输。在大众媒介掌握舆论和基础知识咽喉的新媒体时代，文化创意产业提供了民族医药品牌故事的编纂和传播功能。"以品牌建设推动具有中国传统文化特色的老字号品

---

①陈志高.浅谈品牌建设中的传统文化运用.企业导报，2011（8）.

牌特许经营国际化。"①

"文化创意产业的最终产品必须是从深层的文化中提炼出来，并深度地把握吸引人的要素或者亮点，也就是说，创意产品品牌建设不能简单地叙述传统文化，要对传统文化进行创造性的转化，这才是文化创意的本质，也是品牌建设的关键，只有这样，才能在市场竞争中立于不败之地。注重文化创意品牌建设和文化创意产业的诞生是文化产业战略升级运动的结果，它标志着产业发展的重点从制作走向了原创，标志着文化产业与传统产业出现了大规模的融合。"②民族医药品牌培育同样不能照搬照抄传统文化，不是简单的"医药产业＋传统文化"的过程，而是要通过加工制作和一定的创造性发挥使时代化了的传统文化与民族医药产品的品牌文化形成对接。

创意文化产业的设计师作为将文化、意识通过设计作品表达出来的决策者，在医药文化品牌建设和传播中发挥着重要作用。设计师水平的高低，对健康产业的敏感度，以及对传统文化的挖掘利用会直接影响特定医药品牌的建设和发展。尤其是在当今日新月异的发展潮流中，消费者的甄别能力已普遍提高，他们懂得什么是真正有内涵和有价值的，甚至懂得了品牌依托的是文化，设计师设计出医药品牌的故事、情节以及包装等，

---

①徐琳，王学思．台湾特许经营的发展历程、特点及其启示．商业时代，2008（11）．

②孙延风．厦门发展文化创意产业初探．中国国情国力，2008（7）．

是文化积淀的结果，消费者购买它，也是文化积淀的表现，他们之间追求的已不再是简单的金钱和物质交换，而是一种健康消费、文化消费和艺术消费的共鸣。

医药产业尤其是保健品领域决定竞争成败的关键因素早已不再是技术和设备等硬件因素，规划和创建有渗透力的医药品牌文化才是决定竞争结果的核心因素。发展民族医药产业并不断提高其品牌文化水准，无论是对传统文化的保护和利用还是对民族医药文化品牌建设都具有十分重要的意义。要加大宣传推广力度，注重特色品牌建设和市场定位。可以充分利用现代传媒的优点来宣传、介绍民族医药优秀传统文化，扩大其影响力。从现代文化产业链角度来看，民族医药产业在产业延伸、品牌建设、传统文化与历史文化挖掘、内容创新、行业规范等诸多方面存在明显不足，而且市场认可、人才储备、氛围营造等基础条件还不完全具备。在文化产权归属争议较大的情况下，探索民族民间传统文化开发与保护的良性互动，遵循品牌发展规律进行品牌建设，是一条可行性路径，但在品牌的使用方面，品牌维权应以是否符合品牌定位为依据。"我国老字号中药企业——同仁堂，在品牌建设及对外传播、拓展方面积极利用传统文化这一有利工具，结合诚信经营的传统美德与儒家文化的仁、义精髓，为企业创造了巨大价值。"[①]对于民族医药产业并没有鲜明特点的某些领域，运用特有的优秀传统文化、新型技术来增加品牌属性是品牌建设最好的突破点。

---

①刘铌丽.文化——中医药品牌建设与传播的灵魂.中国品牌，2007（7）.

第二节　医药营销与伦理精神

医药营销与其他领域的营销有很大的差别，在伦理道德上表现得尤为明显。医药营销的产品关乎人的生命健康，因而对营销人员和销售企业也就具有更多的道德要求。按照黑格尔的说法，道德与伦理是两个不同的概念。道德是个人性的，具有主观性，而伦理是公共性的，具有客观性。也就是说，前者是个人对价值观念的认同与信念追求，而后者是公共关系中的适应性原则。通过对市场营销学界与医药营销学界相关研究的考察，在经济管理领域很少有专家将二者区别开来，因此本书亦从一般的研究思路，不对伦理与道德作明晰的划分，并认为二者是同一个东西的两种称谓，在伦理、道德、伦理道德这样的表述性话语中不作区分。

营销伦理的研究学者迈克尔·霍夫曼和珍尼弗·莫尔指出：我们应当讲究伦理，不是因为讲伦理能带来效益，而是因为道德要求我们在与其他人交往时采取道德观点，企业也不例外。[①]医

---

①戚译，史丰波．营销伦理的价值再发现．经济论坛，2005（6）．

药营销建立在伦理精神的基础之上，这是对市场经济过枉发展的矫正。而医药产品本身容易引起广泛关注，若出现道德沦丧现象，必将引起社会的强烈反感和抵制，从而给医药企业经营带来致命的打击。所谓营销伦理是指企业组织和营销人员通过营销活动所表现出的营销伦理道德状况。民族医药因为传承了更多的民族文化精髓，如果因企业的营销形象不佳而导致企业经营失败，是得不偿失的。所谓"营销伦理形象，是指企业在营销过程中所体现出来的伦理形象，主要表现为企业的信用形象和公关形象"。①

（一）营销伦理及我国营销伦理现状概述

营销伦理简单地讲就是市场营销活动的发起者（即企业或者营销人员）在营销实践中应遵循的道德准则和伦理精神，"营销道德的定义根据美国市场营销协会的定义，是指基于'什么是对的'和'什么是错的'以及发源于宗教遗产、社会自由、政治自由和经济自由的营销决策制定标准。一般而言，营销道德是指道德标准，即判断和评价企业营销行为是否符合广大消费者及社会的利益，是否能给广大消费者带来最大幸福"。②"是指营销主体在从事市场营销活动中处理与利益相关者的相互关系

---

①周俊敏.论企业伦理形象的塑造.湖南师范大学社会科学学报，2009（1）.

②刘冬.由"三鹿事件"引起的营销道德问题.合作经济与科技，2009（11）.

所应遵循的基本伦理准则。"①这个"相互关系"是在营销活动中建构起来的，它只有在利益攸关的时候才构成营销伦理，而不包括与营销活动或者与营销目的无关的其他伦理问题。也有人认为营销道德是指企业在包括政府、社会集团、新闻媒体、社会公众等各种社会力量在内的社会舆论的监督和影响下，通过对自身营销行为的自律、约束和规范而形成的企业营销行为规范的总和。这种认识强调了舆论监督的作用，但这是否是道德的唯一控制力量，这是一个有争议的问题。它的合理性在于对道德的舆论决定有直接的阐述，而它的不足在于没有明确离开舆论制约的道德行为是否存在？康德曾经论述的绝对命令是不是适宜于营销领域，尤其重要的是，这种基于舆论媒介监视的道德在离开了这种监视的情况下，是不是就能够胡作非为呢？因此，营销伦理道德应该包括外在的制度约束，同样应该包括内在的道德自律，而真正的道德行为都将在道德自觉的基础上得到保证。如果寄希望于媒介舆论的监控，那么，它就变为不自觉的无奈之举，从而谈不上道德。更为严重的问题是，在离开外界审查的视线时，营销人员就会存在大量的投机取巧和赌博心理，道德机会主义由此盛行。

营销道德决定着企业和营销人员的营销决策，这种营销决策同时也是道德抉择。"企业营销道德决策合理强调的是管理效益原则指导下的伦理合理性，因为'道德的行为是企业长期

---

① 马玲，吴秀莲.企业营销伦理问题及对策研究.长春理工大学学报：社会科学版，2014（5）.

成功所必需的'，而效益则是企业生存和发展的根本。营销道德决策则是指个人面临道德情境时，对于各种营销行动方案的可能结果进行道德判断与选择，以及最后采取行动的整个决策过程。"[1]道德抉择直接影响到企业文化的性质和偏向，并构成企业决策的重要着眼点。同时，企业和营销人员的道德决策还是它们的伦理文化的直接反映，能够由此而透视该企业的品牌文化和战略高度。

"营销伦理就是指企业及其成员在遵守营销道德标准、承担社会责任的前提下开展营销活动，营销行为应尽力符合消费者的利益，符合社会整体和长远的利益。市场营销所蕴含的伦理思想表明，道德可以和经济相互促进、共同发展。市场营销活动需要良好的伦理学思想指导和保证。"[2]可是，在当前社会中存在着大量不道德的营销行为，这包括了虚假广告、虚假产品、营销中的契约失守、信誉不佳、不诚实、价格不公平等现象。"医药创新营销方式在医药营销道德问题上指导医药企业和营销人员的原则应是医药企业的'社会意识'，即医药企业和营销经理们在决策时都应遵循高度的营销道德规范，实践医药创新营销方式。然而，我国学术界对医药营销道德的研究才刚刚起步，医药企业的营销道德观念还很淡薄，制定营销道德标准的医药企业更是微

---

①张雪兰.整合营销道德决策模型研究.文史博览，2005（6）.

②尤立红.浅析市场营销与伦理学的关系.江苏商论，2005（9）.

乎其微。"①厉以宁教授曾经指出，道德调节是一种非常有效的市场经济调节手段，是在市场和政府基础之上的第三种有效调节力量。"显然，我国在这方面做得还不够，营销伦理规范化和条例化的程度比较低，这也使得一些营销人员在从事具体工作时因缺乏规范性的指导，造成营销行为的伦理性较差的问题。"②医药营销有别于其他一般商品的营销，在目前中国医药市场成熟度和规范程度不高、国家政策和法律制度还不够完善的情况下，医药营销从业人员还缺少相应的职业道德自觉，社会责任感欠缺，在医药营销中存在欺骗和瞒报现象，夸大产品功效更是习以为常。医药营销中的社会责任和职业道德主要体现在中肯评价医药质量、合理提供医药价格、适度使用医药促销手段等方面。而这些恰恰都是当今医药市场营销不足的地方，以至于经常出现欺行霸市、野蛮推销、虚假宣传、广告作秀，引诱消费者的现象。很多人甚至将健康产业与非法的传销活动联想到一起，这不是无缘无故的。

（二）营销伦理缺陷与背德的原因

市场营销的功利性与营销伦理建设的背道而驰是很明显的。一些企业和销售人员为了增加经营业绩，不是在提高服务

①王恕，杨文展，王丹.医药营销道德与创新营销方式的思考.中国药房，2000（9）.

②周利国，毛瑞锋.当前我国企业营销伦理失范探源及其整治.企业经济，2006（3）.

水平和改善经营产品的质量上下功夫，而是处心积虑制造种种事端欺骗和蒙蔽消费者。甚至个别研究人员也将成功"引诱"消费者的疯狂购买行为当作自己的研究使命。营销伦理缺陷和部分企业出现的背德行为有着复杂的社会背景和现实根源。但是，这不能使一个真正的企业家放弃商业的伦理精神。周利国和毛瑞锋认为，"企业内部管理不完善为营销伦理失范准备了土壤，企业内部管理因素主要是指企业的规章制度是否健全，是否建立了上下一致讲求营销伦理的机制，对营销伦理进行规范的各项措施是否得力，领导者本人是否以身作则，做遵守营销伦理的典范，是否经常对职工进行营销伦理的宣传教育，形成一种重视伦理的环境。"①

市场营销伦理是指企业作为营销主体在营销过程中形成的与社会、消费者、资源和环境等之间的关系（与它们形成一定的利害关系），并在这种关系中依循某些准则。那么，这些准则受到哪些因素的影响呢？企业营销道德的宏观影响因素包括经济、文化、政治等各个方面，即包括经济基础以及建立在其上的政治上层建筑和文化上层建筑。中观影响因素包括企业文化、地区环境、团队、市场等。微观影响因素包括个人的道德修养、道德观念、文化知识、法律意识、领导者素质、营销者的教育、人际关系等。这些因素在任何一方面出现问题都可能对市场营销的伦理道德造成损害。

---

①周利国，毛瑞锋.当前我国企业营销伦理失范探源及其整治.企业经济，2006（3）.

营销伦理缺陷的深层原因可以深入到人性中探讨。但这是一个深邃的哲学问题。人的道德的两难处境在医药市场营销中得到了印证。医药市场营销人员以为企业带来更多利润为主要动机，这是理所当然的；而医药产品的生产经营目的是为了让人们更加健康，而这一点是不讲利润的。那么，医药企业和营销人员在进行销售活动的时候，到底更侧重于哪一点，这决定于营销活动的"亲资本化"还是"亲民本化"。亲资本化的伦理规范与亲民本化的道德规范是有一定差异的。亲资本化的道德逻辑认为不盈利乃是不道德的表现，是对资本本质的抹杀以及对该种资本控制下的劳动的轻视。而亲民本化的道德逻辑却认为，上述盈利问题仅为医药产品生产的额外价值，它的真正价值在于救死扶伤，促进人类健康。从人性的角度来看，就是亲资本化与亲民本化在现实生活中对人的影响大小，以及营销人员实际所处的社会阶段，它们决定了人们采取什么样的道德规范从事医药市场营销。为什么从人性的角度来看必须着重考虑营销人员实际所处的社会历史阶段呢？马克思说过，人，就其现实性而言，是一切社会关系的总和。因而只有在特定的社会历史阶段才能确定人的社会关系，从而认定这种社会关系下的道德水准。

从显性的原因来看，造成营销伦理缺陷的重要原因是改革开放以后所形成的拜金主义庸俗道德观念和西方实用主义思潮的侵袭。这两股思潮在医药经营领域转变为唯利是图而不顾医药产品的实际功效，为获得超额利润而不断夸大其词地宣传产品的作用，并采取虚假的"现身说法"的形式引诱消费者。一些不良商家甚至处心积虑刮起了一股"（过度）健康消费"的歪风，不断强调那些无足轻重的人体（天然）缺陷，以开拓市场的名义挖掘人们的"疾病"。这种建立在非科学基础上的消费动员造成了当今目不暇接的伪医学。

医药企业营销道德确实引发了一系列社会问题。人们相互之间的信任减少，医患关系交恶，销售人员整体形象受损，医药企业竞争出现非常态、非常规状况。加强企业营销道德评价方法改革也许是一条可行的道路，但是，道德评估体系的构建将会是持久而困难的。企业和销售人员营销道德水准测试指标体系构建若能成为医药营销行业新常态，则上述这类背德行为将有药可医，只是需要更长的时间、更多的努力罢了。

（三）提高医药市场营销伦理道德水平的途径

加强企业营销道德建设是提高核心竞争力的要求。企业和营销人员在营销活动中要自觉地接受道德规范的约束，使自己的行为符合社会道德标准。树立正确的企业价值观，必须从社会环境、企业内部与个人修养三方面入手建立约束机制和激励机制，才可能从根本上防止不道德经营行为的发生。[1]

对营销人员而言，要不断对其进行教育和感化，使营销团队形成坚定的社会主义道德观念。"观念的形成，就是一个教育的过程，企业应该在营销伦理部门的参与指导下，制定企业的长期发展战略，形成正确的价值观、利润观和竞争观，定期

---

[1]赵爱琴，衡凤玲.营销道德失范的成因分析.北京工业大学学报：社会科学版，2002（5）.

或不定期地对企业员工开展伦理培训。"①苏格拉底曾经说，美德即知识，无人有意为恶。对于在社会主义市场经济刚兴起的阶段部分营销人员和企业缺少商业伦理精神的做法是能够理解的，但是不能宽容，更不能纵容。尤其是医药企业，它关乎人们的生命财产。对于"医药营销人员，说严重一点，医药营销人员掌握着人们的部分'生死权'，这种特殊的责任就更加不能忽视医药营销人员良好职业道德的培养和树立。"②

如何提高医药营销人员和企业的道德水平，除了建立规范、常照镜子、实施教育、增加良知等，还有很多其他的真知灼见。比如，金晓庆和梁毅认为，可以"制定医药营销道德性决策和规范企业领导者及医药营销人员经营行为的道德标准，建立监控医药营销道德实施和调控体系，使医药企业经营活动纳入道德轨道。不但如此，医药企业的领导者在企业营销道德建设的初期，还应该积极关注营销员工的营销道德行为，比如当某医药代表为增加产品销售，采用不道德的手段，如夸大药品的功效宣传，给予医生等有关人员'回扣'等，企业管理者必须对这些违背道德的行为进行有力的惩戒，如果这些行为不仅没有受到企业领导者的批评及惩处，反而得到赞赏时，必然会导致这些员工不断重复非道德行为，并影响其他员工效仿这

---

①戚译，史丰波.营销伦理的价值再发现.经济论坛，2005（6）.

②张文玲，王以彦.高校市场营销人才培养方式的探讨.右江民族医学院学报，2006（4）.

种不道德的行为，对企业长远发展非常有害"。[1]

苗泽华等人指出，医药市场营销要坚持以人为本，即坚持以患者或病人为本。"通过伦理建设，唤回药品营销者和处方医生的良知，同时加强医药行业自律，坚决用法律手段惩处医疗行业的违法违纪行为，约束医药营销中不道德的行为，从而促进医药企业与医院建立良好、和谐的客户关系。"[2]也有人认为应该建立道德监测体系，对医药企业和医药从业人员进行道德评估，并充分利用现代媒介的监督来促成医药市场营销道德的全面提升。"结合我国医药企业的特色，将政府、公众、媒体、企业自身等纳入到道德监督体系中，基于营销全过程构建医药企业营销道德评价体系，通过定性与定量分析相结合的方法评价营销道德……从医药企业营销的战略层面深入到决策层面，将医药企业营销的调研、产品、价格、渠道、促销和日常管理流程均纳入评价中。"[3]

加强民族医药企业文化与营销道德建设。医药企业文化是指处在一定社会背景下的企业，在长期从事民族医药生产经营过程中逐步形成的独特的企业价值观、企业精神，以及以此为

①金晓庆，梁毅.对医药企业在营销活动中道德建设的探索.中国现代药物应用，2009（2）.

②苗泽华，刘静，张春阁.医药企业营销伦理的失范问题及其对策探析.中国市场，2011（9）.

③沈枫.基于模糊综合评价法的我国医药企业营销道德评价研究.中国药房，2012（8）.

基础而产生的行为规范、道德标准、企业风格习惯及传统。在医药营销战术上，从医药项目立项销售开始就要善于抓住敏感区域，既要考虑市场营销的可行性，这是真理的标准；又要考虑医药项目可能为人民群众带来的福祉，这是价值标准。只有真理标准和价值标准合二为一，才能形成一种合力，促成成功的医药市场营销，达到既赚钱，又立德的双重功效。在细节上要防止医药营销人员以赚钱为唯一目的，这种"唯一目的"的营销动机会扼杀医药市场的信誉，从而摧毁整个行业的生存机会。医药生产企业与医药销售企业应建立共享的营销价值观和企业文化，使用共同的以社会责任为重的营销道德理念开展医药商品的生产制造、分销、促销和定价行为，以推进医药产业中间营销环节自身的营销道德建设。[①]医药产品是关系到人们生命健康的特殊商品，医药营销人员在工作中必须具有高度的社会责任感和良好的职业道德，以便使医药营销成为人本经济的重要载体。医药医药产品是为人民健康服务的，医药营销人员应该以分享医疗救助的神圣使命而感到自豪，形成自觉的职业自豪感和行业归属感。

（四）中华文化传统与民族医药营销的伦理精神

在一定程度上，营销道德的考量只能转化为一种道德标准的考量。也就是说，企业和营销人员的营销活动应自觉接受道

---

① 苗泽华，孙永义，李耀炜.加强医药企业营销道德建设势在必行.现代商业，2011（3）.

德规范的约束，符合社会道德标准——这个"道德标准"就是营销伦理道德的物化形式。营销道德标准是指企业各项活动的行为准则，它规定在营销的各个环节上，各具体的责任人应该做什么，不应该做什么，怎样去做。"道德就是用来约束人类行为合乎理，利于人，调整人们相互关系的行为规范或价值判断。市场营销道德是指消费者对企业营销决策的价值判断。"[①]中华民族长期以来形成的仁、义、礼、智、信、忠、孝、悌、节、恕、勇、让等传统美德是医药经营企业和市场营销人员应该遵循的基本道德守则。"仁、义、礼、智、信"为核心的道德价值体系，希望把人培养成君子贤人，由个人的修身，达到齐家和治国平天下的目的。而医药营销在广义上难道不正是"兼济天下"的行业吗？当然，在儒家文化看来，重义轻利是理所当然的。但在社会主义市场经济条件下，义利观不断更新。人们可以大胆言利，但是不能脱离社会发展的基本准则，不能脱离人的生命财产安全的最低尺度。医药市场营销不应该是一种底线道德，而应该是商业伦理中的较高层次标准，这是基于医药产品的特殊性而形成的。

民族医药产品营销与中华文化的优良美德是相契合的。中华文化强调四海之内皆兄弟的民族情谊，而营销道德的内在驱动力正在于企业和个人将自己当成是社会、集体中的一员，从而获得自觉的道德意识。"营销道德是指企业的营销活动要自

---

①王淑玲.消费者需求：现代企业营销的核心.当代经济研究，1998（12）.

觉地接受道德规范的约束，符合社会道德的标准，企业认识到自己是社会中的一员，在通过经营活动谋取利润的同时也要承担一定的社会责任。"①儒家传统道德中最讲担当，也就是社会责任。

传统文化需要随着时代精神的变迁而与时俱进，我国丰富的伦理道德文化资源在不断地实现现代化的同时，也为医药市场营销的伦理建设带来了机遇和挑战。一方面，"企业营销观念也随着人类社会经济的发展而不断演变，从产品观念、推销观念，到市场营销观念，再到社会营销观念，可以说每一种新的营销观念的出现都包含着积极进步的因素，企业的营销道德也在新的营销观念指导下不断地提高和完善。……企业应该用营销道德来规范和指导其市场活动，从而在激烈的市场竞争中，获得有利的竞争地位并赢得众多消费者的信赖"。②不能墨守成规地执行一些已经过时或者暂时不适应的道德规范来要求医药市场营销活动严格遵循。另一方面，"市场营销道德的建立并不能完全保证企业做出合乎道德的行为，道德和社会责任需要整个企业人员承担起责任，它们必须成为企业文化的一环。"③独立的传统道德规范并不能成为放之四海皆准的真理，

①申光龙，柳映珍，何克敏.整合营销传播战略评估指标体系研究.管理科学，2006（1）.

②吴露艳，严辉.浅析企业营销道德.市场论坛，2004（7）.

③刘又礼.关于企业市场营销道德的研究.经济师，2003（2）.

将这种道德文化放入企业文化的体系中，从而获得向前发展的动力。

伦理精神与医药营销具有内在的联系，民族医药营销尤其建立在中华文化的传统精神之上，是促进人类健康事业的有机一环。"营销道德是指企业的营销行为自觉地接受道德规范的约束，遵守社会道德标准，即企业在谋取利润时，不能损害消费者和整个社会的长远利益。"[①]但是，坚守伦理规范并不必然给企业带来利润。因此，在民族医药市场营销的现实性考量中，伦理的测度应该遵循市场经济的规律，是一种市场经济的新型道德，而不是康德所言的"绝对命令"。

---

①陆凤英.论企业不道德营销行为现状及治理对策.开发研究，2010（12）.

第三节　医药消费与受众心理

　　每一个人由于自身成长环境和受教育程度的不同，以及基于生理或者其他未知因素导致的认知差异，使得人与人之间在消费认知上存在巨大的差别。心理认知上的差别主要是基于文化的不同而表现于外的。人们在进行消费之前，总有一定的对产品和服务的先入之见。这种先入之见对人们的消费行为的做出起到抑制、激发、促进、削减等作用。本节主要探讨医药营销的心理要件。营销心理是指商品买卖过程中的客观现象在人脑中的反映，是人脑进行特殊生理过程的产物。顾客心理是多种多样、复杂多变的，对顾客的购买行为起着积极的或消极的作用。[1]医药市场营销应遵循个体心理和群体心理的一般规律，从而使营销活动的受众能够接受营销策略的安排。如果医药营销策划与受众心理相左，那么，营销实践就会遭受失败。

---

[1]李浪.营销心理学.长春：吉林文史出版社，2006：1.

（一）消费心理概念

消费心理有广义和狭义之分。广义的消费心理是人们作为消费者在计划购买、购买进行、购后消费、消费后的心理满足程度等各个阶段的心理状况。而狭义的消费心理是指消费者在购后消费阶段的心理和消费后的感觉。一般所讲的消费心理都是从广义而言的。但消费心理学的研究领域会远远超过以消费者作为主体的消费心理过程，同时包括了生产者和经营者对消费者的心理预期。消费心理就其内涵而言，包括消费认知、消费/品牌情感、消费意志/品牌信念等。

1. 消费认知。肖经建认为："许多行为经济学的研究表明，消费者在消费决策方面具有许多非理性和认知方面的局限性。……行为经济学的许多研究表明，消费者在消费决策方面是非理性的，认知能力是有局限的。"[1]尽管如此，离开人们的消费认知，市场营销就可能失去意义。营销的目的就是在于提高人们的消费认知，从而在对特定产品和服务的消费上形成自觉。消费者的认知来自零碎化的感觉和整体性的知觉。前者是对消费品的个别属性的直接感知，后者是对消费品的整体性把握。消费者对产品和服务的感觉并不构成单独的心理状态，尽管它的更高层次的心理——知觉——更加具有现实性，但是，人们通过感觉而获得对商品的基本认识，感觉的复合就是知觉。因而感觉是消费心理的基础，感

---

[1]肖经建.消费者金融行为、消费者金融教育和消费者福利.经济研究，2011（12）.

觉所把握的商品或服务的个别属性和某一方面的内容很容易成为消费者进一步了解商品或服务的催化剂。当人们获得商品或服务的整体性知觉后，他已经初步了解到商品特性之所在，在此基础上形成对商品的好感或者恶感。

　　获得知性认识的商品或服务在经由人们的消费选择与反复的信息交流后，消费者会对这种商品形成记忆。在这样的情况下，（假若消费者已经对商品形成了好感）营销人员只要对消费者进行适宜的营销手段就能促成消费者的购买行为。消费者购买以后，会增加对消费品的认知层次，并将反馈为下一次购买行为的动力（正的或负的）。前面已经说到，当今的市场营销意在建立一种价值链，市场营销的目的不是为了实现一种价值，而是要创造新的价值。因此，真正高层次的市场营销会使顾客对消费行为和消费品产生联想和想象。这种联想和想象可以是机遇品牌本身的，这与前述之品牌文化有着很大的关系；也可能是与消费行为密切相关的，而这种消费行为针对的不是消费品的实际价值，而是消费过程所蕴含的符号价值———一种行为性的语言指称。当然，消费者的想象和联想属于消费认知的心理过程，但这种心理过程并不单独发生，而是需要消费情感和消费意志的推动。"消费者研究往往将享乐情感描述为来自消费或使用一项产品或服务的愉悦性，有时这种消费或使用是指在产品或服务体验过程中同多种感官、想象和情绪相关的行为。"[1]如今的消费者在"消费时所注重的不再是被消费物品本身，他们更看重所消费物品所代表的一种身份符号，对这种物品符号意义上的消费可以给人带来某种愉悦的想象"。[2]这是一种升级版的消费认知。消费文化氛围不同会引起消费认知偏差，并最终导致消费行为偏差，[3]这是消费认知在消费者行为研究上的重要意义所在，为市场营销指明了方向。

2.消费情感。消费认知与消费情感是相互联系的两个方面：消费认知增进或者消解消费情感，消费情感反过来作用于消费认知。消费情感可以分为积极情感和消极情感。积极情感能够促进人们对消费品的认知，而消极的消费情感则会妨碍人们进一步认知的意愿和行动。"由于消费被视为一种主观的状态、一种个人化的独特事件，想象和怀旧情结在消费体验中扮演着重要而特殊的角色，因此，对怀旧情结、想象、沉浸等消费体

---

①焦勇兵，高静，杨健．顾客采纳社会化媒体的影响因素——一个理论模型及其实证研究．山西财经大学学报，2013（7）．

②杨华，欧阳静．阶层分化、代际剥削与农村老年人自杀——对近年中部地区农村老年人自杀现象的分析．管理世界，2013（3）．

③叶德珠，连玉君，黄有光，李东辉．消费文化、认知偏差与消费行为偏差．经济研究，2012（2）．

验中特殊现象的探索就成为研究者们关注的重要内容。"[1]体验营销的目的就是唤起人们的消费情感，从而使消费者在商品和服务上找到与自身心理相吻合的逻辑切入点。"体验消费是一个动态的系统过程，体验价值则是顾客在整个消费过程中想象、情感及欲望等各个因素相互作用的结果，因此，体验价值结构维度自然会随着体验消费的持续发生而不断变化。"[2]体验消费通过生成消费者价值而增进消费者的情感，从而维系商品与消费者之间的亲密关系。

研究者认为，消费情感成为客户与商家之间的重要纽带，这种纽带的建立是通过品牌忠诚度而实现的，而品牌忠诚度来自于消费过程中积累的情感性体验。"由于消费者对品牌象征性利益的感知非常关注品牌的自我一致性，因此，在关系视角品牌资产建设中，品牌为消费者创造的象征性利益只能是直接激发消费者对品牌的情感联结，形成一种独特的依恋纽带，而这种深层次的情感联系能够激发消费者对品牌的笃信，促进消费者表现出高层次的品牌忠诚行为，加速品牌资产的积累。这就说明，企业应该通过品牌营销活动为消费者创造出优异的功能性利益、体验性利益和象征性利益，满足消费者的内在和外在需求，促使消费者产生品牌信任和情感依恋，并在积极的品牌情

---

①贺和平，刘雁妮，周志民．体验营销研究前沿评介．外国经济与管理，2010（4）．

②张凤超，尤树洋．体验价值结构维度理论模型评介．外国经济与管理，2009（4）．

感影响下，激发消费者对品牌的正面行为倾向，建立和维持持久的品牌关系，加速积淀优质的品牌资产。"[①]其实，医药产品的品牌关系相对于其他产品而言，具有更加坚实的依赖关系。这种依赖关系可能是一种医学上的抚慰关系，也可能是一种生理上的依恋关系，或者是一种社会认同和信任感的建设。这些归根到底都离不开消费情感的形成。

积极消费情感的形成可能基于如下三个方面的原因：

第一，第三方评论的好坏。也就是产品或服务的口碑怎样，人们会对具有良好社会口碑的产品和服务表示信任，并增加好感。"具体来说，第三方评论的好评度不仅直接影响冲动购买意愿，而且会引起消费者的高兴、满意、希望和兴趣等快乐情感，这些快乐情感体验可以引起消费者的积极情绪和增加消费者的享乐价值，特别是当这种好评数量越多的时候，这种快乐情感的体验会越强，在这种情况下消费者的购买风险将降低，从而提高了冲动购买意愿。……唤起情感对于第三方正面评论的好评度与冲动性购买之间起中介作用，说明好评度对于冲动购买的影响，除了直接影响和快乐情感的中介作用之外，越高的好评度还倾向激起消费者兴奋、疯狂和激动等情感，这种情感进而引发消费者的冲动购买意愿。"[②]

---

①许正良，古安伟．基于关系视角的品牌资产驱动模型研究．中国工业经济，2011（10）．

②常亚平，肖万福，覃伍，阎俊．网络环境下第三方评论对冲动购买意愿的影响机制：以产品类别和评论员级别为调节变量．心理学报，2012（9）．

第二，基于消费文化影响的品牌依恋。不同的人生活在不同的消费文化氛围中，这种消费文化的形成，既有时代的特点，又有历史文化传承的影响。无论出于哪方面的影响，消费文化都会使人们对某些产品和企业文化具有天然的融合意愿，而对另一些产品和企业文化则表示排斥。"品牌依恋反映的是消费者对品牌在情感上难以割舍的心理状态，表现为常规消费行为中对某品牌的偏好，但它不会产生边际效应递增的情况，因而也不会产生'过分'消费。"[1]可见，消费文化一旦促成了某种消费价值观的形成，就会使消费情感趋向于理性的维度。

第三，消费情感源自于成功的消费体验。消费体验的成功与否不是通过消费过程的完成程度来测量的，这是一个心理测度的过程。"满意与幸福感都是人类在消费之后可能产生的一种情感，而期望是影响满意的一个重要参照点，因此，我们认为可以将适应性作为一个中介变量，前期的期望和前期的体验会通过适应性这个中介变量来影响当前期望。"[2]当满意度和幸福感达到或超过人们的消费预期，那就是成功的消费体验，而当满意度和幸福感低于人们的消费预期，那就是失败的消费体验。成功的消费体验能够增进消费者的积极情感，否则就只能增加消费者的消极情感。

---

[1]薛海波，王新新.品牌社群影响品牌忠诚的作用机理研究——基于超然消费体验的分析视角.中国工业经济，2009（10）.

[2]寿志钢，王峰，贾建民.顾客累积满意度的测量——基于动态顾客期望的解析模型.南开管理评论，2011（3）.

3. 消费意志。"消费心理从认识过程经历情感过程直至发展到意志过程，是一个消费购买的决策过程，该决策过程除消费者本人外，旁人无从知晓，故又常被称为消费者'黑箱'。"[1]消费者的意志过程最直接的结果是消费者的购买行为本身。消费者在民族医药产品消费上的心理活动具有人类认知心理的一般特征，会经由认知过程、情感过程、意志过程而实现对民族医药品牌的消费行为。在市场发育较好的地方，"居民的消费行为是一种自主行为，虽然任何行为都可能被不可控的因素所中断"，但是，"居民的消费行为主要是可控的，其消费行为的实施完全是个人意志所决定，个人自主行为占支配地位"。[2]消费意志来自于消费认知和消费情感的助推。完善的市场经济条件下，个人的消费行为得到尊重，从而消费意志本身就意味着消费行为的发生概率和强度。

从理论上来阐述消费意志就是：所谓消费意志，是消费者行使消费自主权和自决权的心理要素，是消费者从感知消费品到获得消费品的过程中起决定作用的"心理关节点"，也是消费活动进行过程中和消费活动结束后维持消费者信念的心理准备。由此可见，消费心理概念是非常复杂的心理过程和心理状

---

[1] 胡娟. 大学生消费心理和消费行为的研究. 心理科学，2003（2）.

[2] 李宝库. 中国农村居民消费模式及消费行为特征研究——基于海尔冰箱农村市场营销调查与策略的研究. 管理世界，2005（4）.

态。从静的角度来看，它指向一种消费信念的形成；从动的角度来看，它是消费实践的决策机制。

（二）消费心理的种类及我国医药消费受众心理

消费心理从不同的角度可以做出不同的区分。从满足消费者的需求层次和需求种类把消费心理划分为六大类：求美心理、求新心理、求实心理、求廉心理、求名心理、同步心理。[①]从消费心理对市场营销的正负效应可以将其分为积极消费心理和消极消费心理。从消费心理是受情感 – 意志控制还是主要受消费认知 – 意志控制，可将消费心理分为理性消费心理和非理性消费心理（激情消费心理）。

何华征认为，"激情消费指的是消费者未经理性考量，沉浸在盲目的、自发的、痴迷的、处于激情冲动的非理性之中的消费行为。激情消费需要消费激情，但是不等于消费激情。消费激情并不一定脱离理性的领域而不可自拔，而激情消费是拒斥理性考量的，或者说是对理性的遗忘。理性消费与非理性消费行为的最终完成，都需要消费激情的推动。激情消费则专指非理性的购买欲望和消费行为"。[②]理性消费心理和非理性消费心理是当今消费心理的两重分界。但无论哪一种消费心理都将对社会产生深远的影响，"各种较为稳定和保守的个体习惯、社会认知、消费习惯、生产惯例、市场制度、政治体制和各种

①葛幼康.消费心理与营销策略微探.现代商业，2008（8）.

②何华征.激情消费与营销愿景.现代经济探讨，2013（5）.

文化传统等，它们会形成抵制创新的系统性偏见。"①

消费心理又有个体消费心理和群体消费心理之分。个体消费心理是指消费者个人在消费行为发生之前、之中和之后所具有的心理状况和心理变化。而群体消费心理是指作为一定共同体性质的群体成员在进行消费行为或者做出消费行为取向的时候所共同拥有的心理特征。"个性是品牌的灵魂，具有强烈个性的品牌会更容易引发用户的关注，与用户自身相契合的品牌总能吸引用户的目光，从而引发品牌认知、品牌接触和品牌消费行为。"②无论是个人消费心理还是群体消费心理，都需要产品品牌的某种特质"唤起"人们的心理运动。认为消费心理是一种主动性呈现的认识，对于营销人员来说显然是错误的。主动性的消费心理是消费者主动追求某种消费，获取某种资源（信息），被动性的消费心理是指消费者在"刺激－反应"的过程中形成的心理取向。而市场营销更多地侧重于认为消费者的消费心理具有被动性，从而为营销的合法性地位取得确证。

我国社会生产力不断发展，人们的经济生活和精神生活水平不断提高。在这样的时代背景下，人们对健康的关注超过了以往任何时代。医药消费成为重要的消费部门，使得医药生产成为重要的生产部门。我国公民具有优良的传统文化

①黄凯南.演化博弈与演化经济学.经济研究，2009（2）.

②喻国明，王斌，李彪，杨雅.传播学研究：大数据时代的新范式.新闻记者，2013（12）.

素养，对祖国文化具有的热情远远超过了他们对现代高新技术的信任，从而我国民族医药市场非常广阔。传承中华医药整体性、系统性思维的现代民族医药受到了民众的追捧。不过，由于在经济发展的初期阶段不可避免地出现了一些过分追求利润的不良现象，导致了民族医药品牌形象受损。不过，人们依然对祖国医药文化的深邃抱有美好期待。人们一般认为：对于急症和外科病症，需要现代医学的干预；而对于慢性病和内科病症，则民族医药具有不可替代的优越性。随着亚健康成为一种普遍存在的社会生理疾病，民族医药标本兼治、至中至正、综合协调的辩证扶治思想得到了进一步的认同。作为一种新的消费项目，尽管存在着过度医药消费的现实情况，但是，人们对民族医药的时代化、科技化、世界化提出了越来越高的要求。就整体而言，民族医药市场营销的群众心理基质是非常有利的。

（三）消费心理的经济文化根源和现实条件

消费心理的形成有着复杂的原因，其中文化根源是最重要的。文化根源又有两个方面：传统消费文化和地域性当代消费氛围。当然，从更为广义的角度来看，制度、法律等也是消费心理产生的文化背景。"制度、文化的差异也是根深蒂固的，很难想象出一种措施能在短期内使中国传统的消费观念被颠覆。"[1]在形成

---

[1] 甘犁，刘国恩，马双.基本医疗保险对促进家庭消费的影响.经济研究，2010（12）.

消费者心理的文化因素方面，外域文化的入侵也是重要的方面。我国在改革开放以后，世界各地的文化潮流交融激荡，消费主义更是潮涌而至，以至于当下人们的消费更加倾向于那种激情消费和非理性消费。我国传统文化在消费上提倡节俭，而消费主义则提倡奢侈消费、象征性符号消费，这与我国传统消费文化中的简朴、低调是相左的。另外，每个地区、每个民族也有自己的消费氛围和消费传统，这就是地域文化和民族文化。

"在后现代社会中，亚文化通过消费和建构可以使下层社会群体、边缘社会群体释放出具有创新意义的文化价值，亚文化甚至可以通过想象来突破本土化的局限寻求全球商品消费中的个人力量。"[①]传统消费文化、外域消费文化、地区性消费文化、民族消费文化等构成了影响消费心理的文化基因组。当然，在消费心理的形成方面，还与经济社会发展的实际水平密切相关。"事实上，在经济转型中我国居民收入水平增长也相对缓慢、收入差距在持续扩大，解释中国居民消费不振这一经济现象，并不能回避对居民部门收入流问题的分析，也不能回避对居民收入差距问题的研究。"[②]

在影响居民消费心理形成的因素中，还有一个不容忽视

①马中红.西方后亚文化研究的理论走向.国外社会科学，2010（1）.

②沈坤荣，刘东皇.是何因素制约着中国居民消费.经济学家，2012（1）.

的"合谋者"，那就是新型媒介。当今世界是一个被媒介包抄的世界，各种消费问题都被"事件化"为一种"消费叙事"。个体消费心理的形成受到媒介的操控，人们担心自己的消费落伍，所以凡是媒介所渲染的东西，也就很快成为大众视野中的时尚消费物。群体心理更是趋于狂热状态，这与媒介的介入和全程干预是密切相关的。一个被媒介放大的共同体，在集体想象中成为大众视点，其影响陡增的同时，各种消费也随之而来。①技术进步导致的人们生活丰富性的被剥夺被认为是现代人消费心理畸形发展的重要根源。"技术的进步，机械化的生产，齐一化的文化商品激发不了人们的审美想象和消费热情。"②这在某种程度上说又何尝不是正确的？消费的想象力只能借助于物的堆砌，而不能借助于消费行为本身，这就使人们将消费符号化为某种社会景观。当然，在营销学看来，这是多余的考虑，但离开这种考虑，成功的、可持续的营销计划又如何可能呢？

（四）建立合理引导消费行为的心理介入机制

人们的消费行为受到消费认知、消费情感和消费意志的控制和支配。"从认知成分来看，顾客消费前的认知主要来自于

---

①毛攀云.影视湘西：想象共同体及其与湘西旅游的共生发展.经济地理，2013（5）.

②张谨.中国文化现代化的矛盾分析及解决途径.甘肃社会科学，2010（1）.

间接渠道，比如广告、第三方媒体、口碑效应等。……如果消费后认知成分中的负面因素过多，也可能会毁掉顾客先前对于品牌的好感，以及再次消费该品牌的行为倾向。"[1]现实和理论的探讨都只想这样的结论：消费行为离不开消费心理的介入。适宜的心理学介入能够更好地引导人们进行消费。清心寡欲会阻碍市场经济的发展，而过度消费亦会给社会带来灾难。适宜的消费是医药市场营销和其他一切营销活动应该遵循的原则。过俭消费使商品积压、经济僵化、生活单调、市场凋敝，过奢消费使生产浪费、影响生态、不能持续、心灵扭曲。在过俭和过奢的平衡中，消费心理的积极介入和引导成为十分重要的手段。"人们在过度的消费中，执着于对物质的占有和消费，掩盖了自己的本真的意识和愿望，原本丰富的思维和想象被消费所淹没。"[2]

消费文化的夸示性使人们的道德观趋于平庸消费文化语境中的消费"蕴涵了个性、自我表达及风格的自我意识和消费者的品位、个性与风格的认知指标"。消费标准和消费指向的差异所导致的不同群体之间价值观念、生活品质的反差又使人们的主流道德观念难以找到现实基点而产生深层焦虑和迷失。在现实生活情境中，人们的认知性道德观与其意向性道德观之

---

①张新安，田澎.顾客满意与顾客忠诚之间关系的实证研究.管理科学学报，2007（5）.

②陈玉霞.马尔库塞对"发达工业社会"消费异化的批判及其当代价值.理论探讨，2008（5）.

间很难达成一致。①杨淑萍是从消费文化对青少年道德观念的影响来谈论它们之间的关系的。事实上，在当代社会，将消费问题作为一个道德问题来判断是利弊均沾的。利的方面是对社会主义初级阶段和转型发展的中国来说，理性消费等同于道德消费，而非理性消费等同于不道德消费。正如有种说法明确表示："贪污和浪费都是犯罪。"奢侈浪费在物资紧缺的年代被认为是一种道德败坏的行为，当然，随着社会越来越丰裕，消费行为的私人性质越来越明显。但是，社会的永续发展需要每一个社会成员遵循有理性的消费原则。这在任何历史阶段都是不言自明的。而合理的消费行为需要理性消费心理的介入，对消费瘾症需要临床心理治疗。

民族医药产品的消费建立在人们对民族医药的心理预期之上，人们对民族医药产品的信任程度和对自身健康的关注状态是人们进行健康消费的重要原因。现在有一种错误的倾向是经营者不断制造伪科学，把原本未经科学证明的东西作为科学传授给消费者，把市场需要和人们的健康需要混同起来。这是违背社会主义市场经济的社会责任原则的。民族医药市场营销的健康、科学发展应该建立在具有忠诚顾客的品牌文化之上，将传统优秀文化凝结在医药文化和营销文化当中；不断提高民族医药企业的准入门槛和行业标准，自觉提供从业人员的道德素质和科学素养；从精神哲学或者从心理学的角度来看，还要

---

①杨淑萍.消费文化对青少年道德观的影响研究.教育研究，2012（5）.

对消费者进行合理的引导，使人们不以"过度医疗"为荣，而应该坚持适应、适宜、适量的原则。文化哲学是从文化基因和文化底蕴的角度来分析医药市场营销合法性和可行性的重要通道，这种分析思路和考察方式建立在人本经济思想之上，是一种带有哲学厚重感和社会责任观念的问学方式。医药市场营销在一定程度上关系着人们的健康幸福，只有在切实服务于百姓健康事业的同时获得经济回报，才是义利观的时代化表现。

第二章 民族医药营销管理与医药品牌建设研究现状

　　据"中国行业研究网"报导，中国药学会医药政策研究中心执行主任宋瑞霖教授认为我国医药行业潜力巨大，民族医药产业发展迅速，产业规模不断扩大。2007 年，全国实现七大类医药商品销售总额达 4026 亿元，2005 ～ 2008 年年均递增 10.3%。据估算，2020 年，我国医药产业产值将达到 6 万亿元，可能成为全世界最大的医药市场。宋教授认为，医药产业受金融危机冲击较小，生物医药产业可能成为新的经济增长点。我们只要认真学习，掌握规律，适应形势的变化，不断创新，积极调整策略，改善医药营销管理，就可以使我国民族医药营销行业在激烈的市场竞争中立于不败之地。但是，对民族医药营销的研究显然是非常滞后的，在中国知网进行检索发现，从 1998 年至 2014 年，中文期刊所发与民族医药营销相关文章才 33 篇，1994 年至 2014 年，中文期刊所发与民族医药产业相关文献 1224 条。若去掉"民族"这个限定词，情况就发生了翻天覆地的变化，医药市场营销相关文献 7541 条（民族医药营销相关文献只占 0.438%），而医药产业相关文献达 91468 条（民族医药产业相关文献只占 1.338%）。民族医药相关内容的报纸文章截至 2014 年有 11204 篇，其中与"市场"相关的 2758 篇。在亚马逊、当当网和新华网上书店进行搜索，分别获得民族医药相关条目 263 条、40 条、3 条。而在亚马逊所获得的 263 条文献中，与产业化和市场营销相关的仅 4 条。而宽泛的"医药营销"书籍相对多一些，有 170 种。亚马逊分类分布如下：经济管理（118 种）、市场营销（90 种）、大中专教材教辅（66 种）、市场营销理论与实务（62 种）、医学（44 种）、高职高专药学教材（32 种）、高职高专市场营销学教材（22 种）、贸易经济（20 种）、产品管理（13 种）。其他类别书籍分别涉及传记、考试、社会科学、法律、心理学、科学/自然、小说、艺术、励志与成功、健身与保健、计算机与互联网、哲学与宗教、政治与军事、科技图书等类别，均在 10 种以下。这种研发和经营研究的现状与国家和地方政府对民族医药的重视相比较而言是不对称的。早在 2003 年，国家就颁布了《中华人民共和国中医药条例》，该《条例》指出："发展中医药事业应当遵循继承与创新相结合的原则，保持和发扬中医药特色和优势，积极利用现代科学技术，促进中医药理论和实践的发展，推进中医药现代化。县级以上各级人民政府应当将中医药事业纳入国民经济和社会发展计划，使中医药事业与经济、社会协调发展。"贵州、云南、四川、新疆、西藏、广西等地相继制定了相关规范性文件，以促进民族医药产业的发展。但是，在学界的回应却显得非常不足。民族医药产业与营销相关方面的研究是非常稀少的。

在我国,民族医药是一个比较宽泛的概念,包括了汉族医药和少数民族医药,并非仅指"少数民族医药"。当然,在特定场所,它有可能指称"少数民族医药"。"民族医药不仅关乎人类健康和医疗,其独特的文化也是中国传统文化中的一个重要组成部分。据庞宗然教授介绍,正是基于这样的认识,中央民大少数民族传统医学研究院于2007年建成了集各民族医、药、方等于一体的少数民族历史文化与医药成果博物馆,向大众开辟了一扇了解民族医药文化的重要窗口。在国家中医药管理局医政司副司长杨龙会看来,民族医药得到各方的重视,有传承民族文化、尊重民族感情的需要,更重要的是出于人们对其实用性、疗效性的需求。民族医药以其鲜明的诊疗特色和相对低廉的服务价格,受到了民族地区广大群众的欢迎,在非民族地区也得到了一定程度的认可。杨龙会说:'有些民族医药的疗效,甚至是现代西医药无法替代的。'"①随着我国民族医药产业化的进一步发展,加强产学研整体投入,不断提高民族医药产业的科学化水平,有待于加强对民族医药产业及经营管理的研发投入。目前对民族医药较为重视的省份主要是云南、广西、西藏、新疆、贵州等地区,并且相应的有各自的关注重点,如傣医药、壮医药、维医药、藏医药、苗医药等。只有全面提高民族医药市场营销和品牌建设的科学认识,才能更加科学、更富成效地促进民族医药产业发展,完善民族医药市场。

---

①李翠.破局少数民族医药.中国民族报,2013-06-18(4).

第一节　民族医药市场营销研究现状

民族医药市场营销的专门研究正如前所述，从整体上看尚不成气候。尽管国内在民族医药产业发展方面具有巨大的潜力和市场份额，但是受制于医药市场营销在专门知识方面的"跨学科"而使这种研究受到局限。人们对医药市场营销向来讳莫如深，而通常的研究一般局限于消费者视角，从卖方研究的成果比较少。当然，医药市场营销必然从买卖双方的相互关系中才能获得中肯的研究结论，从任何一方的调研所形成的结论所具有的片面性会扼杀实际研究的作用。如今的医药营销，遑论说民族医药营销，最大的缺陷在于填鸭式的研究策略，即将"民族医药"或者"医药"强行挂在"市场营销"之前。这一点从现行各个版本的医药营销教材可以看出，无一不是生硬地在"市场营销"前面塞入"医药"二字。如果这样的话，则行业的个别性被完全忽视，医药营销成为专门研究对象的合理性就被完全取消了。

美国作者西蒙和科特勒（2011）所著的《医药营销大趋势》一书对生物技术革命及全球化的浪潮狂飙突进下的医药市场营

销有系统的阐述。他们认为，"制药行业传统的商业模式和既往的品牌管理、营销观念，在快速发展且难于预测的药品市场上，面临严峻的挑战。无论是大型的制药公司还是创业期的生物技术公司，都必须重新思考自己的战略和经营模式。"更多的作者是从实务的视角来进行经验总结和行为策划的，比如美国人大卫·科利尔和杰伊·弗罗斯特（2013）所著的《医药代表实战指南》，安迪·法兰（2009）所著的《医聊：医药代表拜访指南》等著作。医药市场营销本身即是一种实务性的活动，作为行动框架的论述有益于医药营销人员开展实际工作。本书意在探讨国内民族医药市场营销的现实情况和发展思路，从而并不打算对国外相关研究作进一步的梳理。

国内对民族医药市场营销的研究主要有如下一些方面：

（一）以民族分类进行的医药市场研究

以民族分类进行研究并非一种研究的民族学自觉，而是基于一定的民族医药和文化背景所自发形成的研究倾向。这类研究往往是研究者结合当地实际情况而开展的相关研究，这种研究的成果对当地医药市场的开发无疑是有积极作用的。非但如此，尽管这种研究的对象被框定在某个特定的民族，但是它对其他类型的民族医药营销所具有的借鉴意义是非常明显的。这类研究如：钟国跃等（2009）在《民族药资源研究思路与中药资源的可持续利用》一文对藏医药的开发利用和市场所做的调查研究。他们对西藏、青海、四川和云南等地藏医临床和藏药制药企业所使用的藏茵陈药材的调查，对民族药材市场流通体系的分析，对藏药制药企业、藏医院、藏医门诊部等或在并非专业而规范的民族药材市场购买等进行了研究。金锦等（2000）在《西双版纳傣族传统医药学研究概况》中对傣医药的市场化进行了专门研究。指出"在激烈的挑战与竞争中，民族医药工作者需要抓住机遇，强化内涵建设，大力发展傣医药，加强人才培养，提高科研医疗专业技术水平，立足现实，面向未来，克服语言、文字、医学术语复杂的障碍，用现代科技整理发展傣医学遗产"。刘强等（2008）在《广西中医药（含壮医药）产业发展考察》一文中对壮医药的产业化进行了研究，对"根据壮医药理论及组方用药经验，以壮医药为原料和配方制成的复方扶芳藤口服液、云香精、中华跌打丸、三金片、妇血康、花红片、华佗风痛宝、复方蚁巢膏、五灵健肝片、紫杉抗癌胶囊、黄花参肝舒茶等民族医药产品已跻身于医药销售市场"的市场状态和前景寄予期望。认为"壮族是中国第一大少数民族，拥有2000多万人口，同时'壮傣同源'的学说已被人们所接受'东南亚近十个国家拥有'壮傣'系统，这表明壮医药的市场无疑是十分广阔。"杜小卫（2009）则在《贵州苗医药传统知识的专利保护》一文中分析了企业通过专利制度保护苗医药的积极性的可行性，指出因为专利权的问题而可能影响我国苗医药在国际市场上的竞争力，等等。这类研究是非常多的，很多研究往往也契合市场营销中的某一个环节进行论述。

（二）以组织管理和市场营销策略来展开研究

在民族医药市场营销研究的文献中，以管理学和经济学的分支部门或者环节来结合"医药"展开研究的成果占绝大部分。这些研究或者从市场营销环境、营销调研、市场预测、营销战略、产品战略、价格策略、分销策略、促销方式等方面来进行，或者从消费者需求、营销分析、国际市场营销、人力资源开发等角度来开展。总之，这类研究紧密扣住市场营销的一般性原理在民族医药市场中的运用。因为这类研究不胜枚举，从而只摘取一二作为例证。胡书平和刘同祥（2011）对规范民族医药教育体制提出了建设性的设想，指出"各级政府要高度重视民族医药事业发展，应该在充分调查研究的基础上，从人才需求出发，从民族医药学的现实出发，实事求是地把民族医药发展起来，丰满起来"。祁玫和杨玉（2002）提出："立足传统优势，实施现代营销的策略民族地区应加强民族医药的经营体系建设，扩大那些具有开放潜力药品的知名度。民族医药的每一个品牌都紧紧依托于少数民族传统文化的大背景中，在实行现代化营销策略、宣传推广时，应依据文化母体所具有的自然及人文特征，精心选择宣传形象。"杨丽梅等（2012）认为有必要打破封闭，消除神秘感，同时加强企业营销，不断提高民族医药营销队伍素质，建立健全多层次、多样化的营销网点，提高民族医药的市场占有率，推进民族医药产业的发展。陈燕（2006）认为，可以组建研究、开发、生产、药材种植和营销一体化的民族医药企业集团，提高规模效益，不断扩大民族药的市场占有率。娜拉（2009）指出："民族医药企业缺乏科学的营销手段，几乎没有专业营销人员，广告宣传、产品推介力度不够。"吕晓洁和卞鹰（2007）则认为，"营销的定位和方式是保证民族医药产业拥有长久生命力和市场空间的关键因素"。盛德荣等（2013）认为，"适宜的包装设计可使民族医药品牌变得有血有肉，不但能传承民族医药文化，而且还能使该民族医药产品在市场竞争中取得理想的营销业绩"。许峰（2004）指出现代民族医药营销中的种种积弊，认为"中国民族医药企业的营销之路为何路越走越窄，除了弄虚作假，坑蒙拐骗，就是广告当道，狂轰滥炸"。包羽和伊乐泰（2013）认为，民族医药的专门术语在消费认知的普及上存在一定障碍，这也是阻碍少数民族医药推广的重要语言障碍。林航（2013）认为可以用"以医带药"的方式为民族医药的推广铺平道路，同时进行品牌建设。

总的看来，民族医药市场营销的研究存在着一系列的不足，主要体现在如下几个方面：其一是"医药－营销"复合型人才缺乏，懂医药的不懂营销，懂营销的不懂医药，由此而造成民族医药市场营销举步维艰，难以获得如意的营销业绩。其二是民族医药市场体系的建立方面存在研究的空白，需要有专门的研究人员对民族医药市场的体系建构进行研究，尤其使民族医药市场与一般的市场营销区别开来，使民族医药市场营销与一般的医药营销区别开来，这方面的研究还有待于加强。其三是民族医药市场营销的文化建设和道德建设还没有专门的研究成果，对民族医药市场营销的制度建设和法制发展轨道还没有深入的分析。其四是还较少有研究民族医药市场与我国社会发展脉络之间的内在联系的研究成果。

第二节　民族医药品牌建设研究现状

在民族医药市场营销方面，对品牌建设的研究需要专门进行说明。品牌建设与营销管理既可以是并列的两个部门，又可以是一种包含关系：一些企业将品牌策略作为营销方案中的基本策略之一。本书此处对品牌建设的研究综述旨在揭示出民族医药品牌生成路径、品牌维护、品牌延伸、品牌国际化等方面的研究成就，从而对民族医药市场营销研究给予一种体系化的建议。在民族医药品牌建设方面，文献资料相对较多，但对民族医药品牌的有效构建和时代化，却未能产生一些具有深远影响的著作。目前对民族医药品牌问题的研究主要是基于这样一些目的进行的。第一，区域经济发展的需要。在民族医药资源相对丰富的地区，往往也是经济社会相对落后的地区，从而在顶层设计和基础性实务研究方面一般指向了地方经济比较优势开发的方面。民族医药产业被作为一种有效的战略性产业来进行设计，它的经济价值过度渲染，而文化和社会价值则在某些程度上被忽视了。第二，民族文化传承的需要。在一些民族文化研究者看来，民族医药产业承载着民族文化的精华，通过民族医药品牌传播可以达到传播、繁荣民族文化的目的。在这种研究看来，民族医药是民族文化的物质载体，而医药品牌化仅仅是链接医药产品和民族文化的中介。第三，挖掘民族医药临床作用的需要。这在一些医疗机构和医学院校被广泛信奉，他们认为民族医药品牌化的目的在于壮大和普及民族医药的临床使用范围，这是中医药文化热衷者所极力推崇的。当然，肯定还有其他一些目的。比如本书所要探讨的，关于文化与营销的二重性融合目的。

从繁荣市场的角度来看，民族医药品牌建设的研究遵循品牌生成与发育的一般逻辑，对品牌的发现、培育、保护、价值延伸、国际化等均有研究，这些研究的重要意义是不言自明的，它的层次尽管还比较低，但它对于持续的产业发展及其营销实务，以及相应的跟进研究，无疑起到了重要的奠基作用。

（一）民族医药培育品牌

1. 研发能力与自主创新能力。吉生保和周小柯（2010）在《中国医药制造业研发效率研究——基于 HMB 生产率指数的经验证据》一文中对我国医药制药业的研发效率问题进行了专门研究，其中提出了有效培育民族医药品牌、促进医药产业持续健康发展的一些合理建议。他们认为，"有效培育和保护民族医药品牌，促进相关产业健康、快速发展，并发挥其在政府医改、构建和谐社会以及应对国际竞争中的重要作用……进一步扩大医药制造业研发的规模经济水平"，需要进一步提升中国医药制造业研发效率。梁旭明和蒋渝等人（2010）认为有必要"积极鼓励、扶持大型企业（集团）、大专院校和科研院所，组建有关医药产业的应用中心、开发中心、孵化中心和工程研究中心，切实抓好一批新药、制药新技术、新工艺、药材质量标准和种植技术规范化等研究开发项目，为我国民族医药产业发展在内在质量上树立品牌，与医药工业、医药商业形成良性循环"。梁社往、陈严平、刘雅婷（2013）也认为新药的开发能够为品牌影响力扩张作出贡献。随洋和李海艳（2006）在《内蒙古蒙医药产业的现状及发展思路》一文中指出，"蒙医药"要不断提升自主创新能力，企业要实际成为创新和投入的主体并充分发挥出其在创新及产业化中的骨干作用，推动"蒙医药"产业成为技术先进、既有规模又有品牌优势、具有核心竞争力的民族医药产业。

2. 树立品牌战略。李静（2013）认为民族医药产业的整体品牌实力还相对比较薄弱，"作为民族医药企业来说虽然已有一些进入了品牌经营的发展的轨道，打造出了行业中具有一定知名度的品牌，亟待通过长远和系统的品牌战略规划来增强发展后劲，以应对来自国内外医药市场激烈竞争环境的挑战。……对于民族医药企业而言，目前其在品牌经营中面临着解决品牌战略规划的系统性，产品开发和品牌形象树立的差异性，企业规模实力提升和品牌效应显著性等问题"。杨丽梅等人（2012）指出："为了进一步发展民族医药产业，建议采取如下对策：……制定民族医药产业发展战略规划应尽快制定民族医药产业发展战略规划，明确发展思路、发展目标和落实措施，引导民族医药生产企业通过资产重组等现代企业运作模式，做大做强民族品牌，提升民族医药产业整体竞争实力。"

3. 特色发展。毋庸置疑，民族医药产业本身就属于特色产业，但是，特色产业当中遇到企业间竞争的时候，又需要进一步凝练特色。李媛和陈清华等人（2012）认为，"突出民族医药特色，以市场为导向，以效益为目标，以科技为支撑，以企业为主体，利用传统民族医药品牌和现代管理、经营发展理念，推动民族医药的开发与发展。……开创民族医药基地品牌，争取国家立项扶持，充分发挥民族医药资源优势，变资源优势为产业优势，将市场经济的运行机制引入民族医药事业，加快民族药产业化进程"。许多研究者都从民族医药的"三个结合"着手指明它的品牌化路径，即"与地区文化结合"、"与地方经济结合"、"与民族风俗结合"。当然，特色发展既要考虑自然条件，又要创造条件。不能因为自然条件的限制而疏于特色发展的谋划，也不能因为自然条件的优越而忽视竞争对手由潜在变为显在。

（二）民族医药品牌延伸

品牌延伸的实质是价值延伸和影响力幅度的增大。任何一种成熟的品牌都存在一定的"品牌磁场"，这个磁场将吸引和激发一系列的相关服务和产业的繁荣。品牌延伸通过初级品牌延伸（即消费者价值的延伸）到高级品牌延伸（即产业链的铺开）而实现品牌的重要社会影响力。民族医药品牌延伸的研究一般以举例证明的方式进行。在我国，往往是以一些知名民族医药企业为例来说明品牌延伸的重要作用。比如云南白药、羌药等。

1. 其他产业品牌延伸到医药产业。比如罗永常（2007）认为，"通过引入企业化经营管理模式，实现民族工艺品的企业化经营、规范化管理、规模化发展，将黔东南丰富的服饰、银饰、蜡染与刺绣工艺品、竹木模型、民间乐器、土特产品、保健食品、民族医药产品等打造成精品品牌，提高黔东南民族旅游商品的市场影响力和国内国际竞争力，从而满足黔东南旅游发展对民族旅游商品的迫切需要"。在他的文章中，医药品牌不是主动者的地位，而是在"民族工艺品"品牌延伸下的受惠领域。

2. 域内品牌延伸。所谓域内品牌延伸是指由特定品牌产品的社会影响而扩大相应部类其他产品的影响。如果是医药企业，则是一种知名医药产品附带若干子产品的品牌传播，达到"以点带面"的作用。陈升麒和段万春（2013）对"云南白药"的域内品牌延伸作了一定的研究。如由"云南白药创可贴"到"云南白药气雾剂"、"云南白药止痛膏"等。实际上是品牌的"系列化"策略。

3. 域外品牌延伸。所谓域外品牌延伸指的是一种特定品牌产品，利用自身知名度而开展其他行业和其他领域的生产、经营。最为典型的是"云南白药牙膏"的开发上市（2005年云南白药公司重量推出"云南白药牙膏"，3年后云南白药牙膏累计销售额已经突破10个亿，成为医药企业跨界日化的一个品牌典范）。对域外品牌延伸的研究是比较多的。比如杜娟和高永翔等人（2010）在《论四川民族医药文化旅游模式的构建》一文中所讲的那样："利用汶川羌医药的特色，以及汶川大地震所引发的世界关注度，高规格建设'中国羌医羌药博物馆'，在对羌医药进行发掘和整理的基础上，展示羌医药的特色和历史文化底蕴，为开展羌医药体验游活动提供条件。……可以在汶川、桃坪羌寨、茂县规划建设由成都中医药大学提供技术支撑与品牌的民族医药膳食疗中心、康复保健理疗中心等。"这就是利用羌药品牌，延伸发展旅游业、保健养生馆等产业的尝试性设想。任媛媛（2014）也提出了类似的设想："如果将这些民族医药加以培育，再辅以中、西医的治疗，利用桂林优异的自然与人文环境，建成一批集医治康复、养生保健、观光休闲、度假娱乐等为一体的民族医药保健旅游点，积极开拓中、高档医疗保健旅游市场，以形成桂林医疗旅游品牌……打造此类医疗与度假、医院与温泉旅游、医疗与健身、养生旅游等形式的专项医疗旅游项目。"

（三）民族医药品牌保护

品牌发育和品牌保护同样重要。一些企业对品牌保护缺乏危机意识，以至于一些重要的品牌逐渐流失、衰落。品牌保护可以从品牌的软保护和硬保护来进行划分。软保护其实指的是品牌的再培育过程，也就是说，品牌培育不是一次性完成的，而是始终处于一个生长的过程之中。因此，有关软保护的内容一般被认为是"品牌发育／培育"的内容，实际上也是品牌保护的重要内容。这是一种经营哲学的高级意蕴，能够参透品牌软保护，并且致力于这样的行为的企业才能获得持续发展的力量和智慧。那么，这里姑且只论硬保护问题。品牌的硬保护指的是品牌不受非法侵略和遭受人为剥夺。实际上是品牌文化的知识产权问题。

韩小兵（2007）在《中国少数民族传统医药保护的立法模式思考》一文中认为，"从事少数民族传统医药生产经营或服务的个体或组织可以对其长期经营的本民族医药品牌申请商品商标或服务商标的注册，从而取得商标专用权"。石倩玮和张超（2006）认为民族医药在竞争中还处于弱势，"这样一个充满生命力而又幼稚的产业是需要呵护和支持的，因此需进一步制定完善相关的法律法规，以构建完善的民族医药知识产权保护体系来努力打造民族百年品牌，更好地保护民族药产业健康和可持续发展。根据各民族医药中具有重要历史、文化品牌价值或濒临消亡的民族医药独特的诊疗方法列为重要文化遗产，给予重点保护和抢救"。

也有些研究是专门针对国家出台某项政策以后的预想和规划。比如米岚和朱晓卓（2011）在《中药专利保护与中药品种保护不协调性分析》中对"中药品种保护条例实施后，全国涌现了一批驰名的民族医药品牌，增强了企业的竞争力，也给中药产业注入了新的活力"抱着极大的热情。而对民族医药品牌保护的研究有这样一个严重的缺陷，即对民族医药品牌保护的重要性的论述远远超出了品牌保护的具体措施。其实，品牌保护的重要性是不言而喻的，但品牌保护的具体措施和方案则是需要不断探索和研究的。事实上我们正好本末倒置了。比如彭斌韬（2006）在《少数民族医药企业如何进行知识产权保护》中亦是讲"少数民族医药企业要想获得发展就必须要保护自己的品牌提高品牌意识，而获得驰名商标就是获得法律保护的坚实基础，将会为企业保护自身利益提供强有力的保障"。如此等等。

（四）民族医药品牌文化挖掘

民族医药品牌文化挖掘指的是民族文化对民族医药的哺

育以及民族医药品牌对民族文化的反哺。这两个方面相逆而行，又相互促进。祁玫和杨玉（2002）认为，"民族医药的每一个品牌都紧紧依托于少数民族传统文化的大背景中，在实行现代化营销策略、宣传推广时，应依据文化母体所具有的自然及人文特征，精心选择宣传形象"。尽管他们所讲的民族医药指的是狭义的民族医药，亦即少数民族医药，但是他们强调了民族医药品牌的文化依托。激活民族文化基因就是激活民族文化产业化载体的品牌。盛德荣等（2013）指出："民族医药品牌蕴涵着丰富的民族文化精华，它不仅仅能确切地告知消费者该品牌医药具有某种'功用'，更为重要的是，民族医药品牌承载着医药文化传承的历史重任。"民族医药品牌的文化挖掘还必须在民族医药自身的优良历史传统中去挖掘闪光点，比如云南白药在抗日战争年代曾经作出过不朽的贡献，它的事迹完全可以通过电影、电视等介质表达出来，从而提高品牌的文化值。

当然，也有人认为，过度追求民族医药品牌的文化根源，会导致所谓的"神秘感"的复苏。郭海英（2007）就认为，"然而，作为少数民族曾经的'主流医药'，民族医药受长期沉淀的品牌、文化等影响，一直被披上神秘的面纱，很难用现代所谓的'剂型改革'、'标准化'、'现代化'名义进行彻底的改良"。这种认识的正确性在于民族医药品牌的确应该建立在科学的基础之上，作为新时代的健康事业，如果建立在迷魅的基础上是难于取得消费者的信任的。但是，我们也不应该过于迷信现代科学，正如大卫·格里芬所言，现代科学技术并不能解释我们所面临的一切现象。更何况，人类认识能力的提高尚未达到顶峰，对诸多事实的科学主义分析尚不能尽如人意。因此，正确认识我国民族医药产生的方法论基础是非常必要的。西方医学建立在理性主义的认识论基础之上，而我国民族医药几乎建立在经验主义的基础之上。经验事实的理性证明需要一个更长的历史过程，但正如怀疑主义者休谟所说的，经验是人生的伟大指南，在健康科学上，这种指南的作用具有历史的证明性和现实的可验性。因此，保持一定的文化神秘性并不能消解民族医药品牌的实际价值，相反，就人们对神秘事物的向往而言，一定程度的神秘感并非坏事。

（五）民族医药品牌传播

品牌影响力在于它的传播速度和传播范围，当然更在于它的传播效力。任何一种品牌都在搜集人们的注意力，为吸引人们的注意而竭尽所能。对民族医药品牌的研究是来自于营销学、传播学等方面的专家的研究。民族医药品牌传播的重要作用正如前文反复论述的那样，是社会效应和经济效应的双效合一：传播中华民族医药文化和促进经济增长。那么，如何促进民族医药品牌的传播呢？研究者从不同的角度进行了论述。邵景波和陈珂珂等人（2012）认为，明星尽管不属于真实的消费群体，但他们的言行能够影响到"粉丝"的消费心理和消费行为，"这一群体成员的态度、行为对消费者有着很大影响，例如影星、歌星、球星，这也是企业为何利用名人进行产品展示以及名人签名等品牌传播方式来促使消费者购买的原因，这在传统顾客资产驱动要素模型的亚驱动要素中也有所体现，如品牌资产中的'产品展示和名人签名'"。冯小亮和黄敏学（2013）认为，"企业在进行品牌传播时，应全面考虑消费者态度的特征习性，制定相应的广告传播组合方案"。

许正良和古安伟（2011）在《基于关系视角的品牌资产驱动模型研究》中对品牌资产的驱动进行了专门研究，指出："分享传统的品牌理念认为，品牌资产建设无非是'砸钱做广告、低价抢市场、竞争拼资本'，殊不知品牌传播只是建立品牌关系的入门策略，品牌份额只是品牌资产的市场产出，财务数据只能反映品牌资产的金融净利。……在品牌资产的外化层级中，消费者对品牌的行为可以表现为重复消费、口碑传播和推荐购买等正面行为，还可能表现为直接抱怨、沉默抵制和品牌转换等负面行为。"直接的口口传播亦成为当今时代品牌传播的重要力量，这种力量由于新媒体的广泛使用而得到扩大。每个人都能在互联网上进行新闻创作，人人都是麦克风。这样一来，人际网络关系成为传播网络关系，民族医药品牌的传播需要充分利用这一点。

柴俊武和赵广志（2011）认为，"为了提高品牌宽度，企业可在广告传播中通过心理距离操控（如让人联想起悠久的历史或是畅想遥远的未来）来提升广告受众的解释水平，同时配以有关该品牌的整体性的、一般性的概念，从而强化消费者对该品牌的态度联想或是利益联想，进而逐渐提高消费者的品牌宽度感知"。而孙丽辉与毕楠（2009）也对外国区域品牌化理论研究状况作了综述和适当的分析，这对我国民族医药品牌传播理论的深化和实践的拓展无意都是非常有借鉴意义的。

（六）民族医药品牌国际化

从国际视角来考虑营销问题的动因有如下几点：国内市场

不能满足企业扩张的需要；国内市场产生积压；国际市场成本更低；生态风险转移；等等。[①]民族医药品牌的国际化是指这样一种思路和经营策略：在民族医药产品品牌培育的过程中增值国际因素，尤其是考虑到国际市场上消费者由于对中国民族医药的特殊情感和认知而形成的消费心理；在民族医药品牌传播的过程中要切实理解和掌握国外相关法律法规，既做到有利于保护民族医药品牌，又做到促进民族医药品牌国际影响力的提升。朱永宏、李鸿彬（2009）这么认为："我国是中药、民族药的发源地，通过建立中药品种保护制度，逐渐影响国际，最终成为国际通行守则，这就需要我国政府和企业共同努力，打造民族医药的国际化品牌。"逄士萍和孟锐（2008）则认为可以通过各种方式重组资产、融合外资、拓展国际市场，他们以中俄医药贸易为例进行说明："出资办证者即为俄罗斯市场独家经销商，这样既能防止假劣药品影响国外市场，又可在扩大出口规模的同时树立中国民族医药品牌。"

大部分实力较强的民族医药企业在发展的某个阶段都会考虑市场国际化的问题，以不断增强企业的发展潜力。然而，对接民族医药产业与国际医药市场的困难显然要高于其他行业和产品。个中原因是非常明显的：医药产业关乎人的健康理念和消费习惯，也与人们对医药科学的认知态度和认知水平密切相关。

---

①纪宝成，吕一林.市场营销学教程.北京：人民出版社，2008：382.

当前民族医药品牌建设具有一些前所未有的优势，也具有一定的时代挑战。就机遇而言，徐士奎和罗艳秋（2006）曾指出："当前的契机是科研院所改制，促进大的科研院所与大企业之间的有机结合与重组，大的科研院所之间的结合与重组，集新药开发所需的技术、人才、资金、管理等要素为一体，形成药物创新的中坚力量，就能够改变企业技术开发力量薄弱落后的局面，最终使企业成为新药开发和创新的主体，加快以企业为核心的新药开发体系的形成。民族医药为了尽快更好地走向世界，必须走'品牌'销售之路。"事实上远不止这些机遇，最重要的还是老龄化的加快，而人们生活水平又有了极大提高，人们对生活水平和健康标准有了新的认识，在西医药对人体的种种副作用被揭开以后，人们回过头来更加关注民族医药，希望在民族医药中能够找到绿色医药产品。一些地方的民族医药产品本身具有良好的传统，但是由于不能与时俱进而丧失了品牌优势。譬如罗坤瑾（2009）曾说："贵州苗药具有悠久的医药及医疗历史，但在现代开发进程中却由于企业、政府以及市场体制等诸多因素的不健全而制约了苗药产业的发展，导致贵州苗药难以铸成规模化、市场化、集团化的民族医药品牌。"打造民族医药品牌成为民族医药文化繁荣和地方经济发展的重要路径。为此，（蓝毓营、徐方明，2008）广西2008年举办了"广西中医药文化节"，聚合与发动全国中医药科学研究和产业界的力量，"宣传中医药文化独特的哲学思想，深入挖掘中医药传统文化的内涵，打造'广西民族医药'品牌"。品牌建设与营销管理是互为因果的两个侧面，如果一方做得不好，就会直接影响到另一方面。

第三节　时代发展与民族医药市场机遇和挑战

　　马克思恩格斯的"时代"概念是有特定内涵的，在他们看来，"时代"是人类历史发展中的一个特定阶段或时期，它包含有不同于其他阶段的基本特征和发展趋势。[①]以生产力作为标准，马克思把人类历史划分为石器时代、铜器时代、铁器时代、大机器时代。马克思也从人的发展阶段来划分历史时期，即根据人在社会中的发展程度和存在状态来划分历史阶段，它包括三个历史时期：人的依赖关系为主的时代、以物的依赖关系为基础的人的独立性阶段、人的自由全面发展的阶段。一般认为，马克思主义的时代划分有"三形态理论"和"五形态理论"。尽管这些划分标准不同程度地受到质疑，学界亦有分歧，但是，生产关系作为人类社会中最本质、最基本的关系，成为时代划分的标准却体现了历史唯物主义的彻底性、历史总趋势

---

①秦宣，郭跃军.论马克思恩格斯的时代观.江西社会科学，2009（1）.

的不可逆性。[①]

时代发展是指历史进程的上升运动，是人们所处其中的社会历史不断更新进步的总括。人们不断在社会历史实践中取得文明的新形态、历史的新高度、人们生活水平的新阶段、科学技术的新进展、精神生活的新境界等，都是社会发展的真实表现。现时代被称为一个发展了的时代，是相对于过去而言的，从而所谓的时代发展永远处于相对性概念之中。对于民族医药事业的发展和民族医药经济的繁荣，离不开时代发展的整体性和系统性。它必然在"经济 – 政治 – 文化 – 科技 – 生态"的一体化繁荣中得到解释，并获得进一步发展的条件。民族医药市场营销的主体（营销企业或者营销人员）需要紧紧抓住时代变化的本质特征，从中找到民族医药市场营销的口径和机遇。否则，最好的品牌和最坚挺的质量也不能使经营者获利，同样也就不能使民族医药产业完成它的社会文化作用。

（一）时代发展与健康事业

健康事业的发展是衡量社会进步的重要标准之一，也是社会进步的内在要求和重要表现。时代变迁体现在各个方面，这种变迁从营销的角度来看乃是市场环境的变迁，从而可以一般地从时代变迁的各个角度来观审市场营销的新机遇和挑战。企业竞争环境变得越来越理智化、法制化、常态化，企业与企业

---

①何华征.新媒体时代人的生存问题的现代性解读（上海财经大学博士论文）.2014：36.

之间的竞争公开化；消费者素质普遍提高，既有在消费行为和消费心理上的不断成熟，也有在消费价值和消费维权意识上的不断进步；市场经济制度逐渐成熟，法律和制度建设不断完善，人治向法治的转变成为必然趋势并取得了显著成效；整个社会科学技术文化水平提高迅速，人们受教育的时间越来越长，接受的新知识越来越多；国际市场竞争加强，企业面临着国际国内竞争对手的包围，等等。这些变化都与人们的健康需求以及整个社会的健康事业密切相关，对民族医药市场营销产生重大影响。

1. 消费社会的到来。消费社会追求的是一种被称为消费主义的价值观，这是西方在工业革命一波接一波开展的情况下，物质资料极大丰富，价值观念随之发生变化的时代特征。在号称消费社会的阶段，人们对消费的观点发生了重大变化。过去的消费主要是围绕人们经济文化必需品展开的，对消费的品质并没有什么高要求。尤其强调的是对物的有用性的追求。人们衡量一种商品或服务好坏的标准就是这种东西能否直接改变人的身体或心理状态。但是，在消费社会，这种改变随着物的有用性的消逝逐渐被符号的有用性所取代。尽管一些学者认为这尚不足以成为这个社会的主流，但是，这样的社会消费现象终究是存在于我们所处的这个时代。这种消费观念直接影响了民族医药市场营销的进行。民族医药被人们当成在西医药和舶来医药产品的失误和缺陷后的有益补充，甚至被一些人认为民族医药乃是医药产品中的绿色医药。因而，从更加环保和有益于健康的角度来珍视和倚重传统民族医药在养生和治疗方面应用。消费社会的到来使民族医药品牌建设和传播有着极大的便利。但是，一味鼓吹和盲目跟进人们的消费心理，而不是理智地引导和梳理人们的消费欲望的话，民族医药所能获得的也仅仅是短暂的或者虚假的繁荣。这主要是消费社会对符号价值的过分依赖，它的发酵可能导致对真正的民族医药形成伤害，从而使各种浮夸和虚无缥缈的东西代替了真正的民族医药品牌精华。

2. 有闲社会的到来。有闲社会指的是人们开始有大量的自由时间，而不受社会必要劳动时间的限制。马克思在探讨人的自由全面发展的时候，认为人从必然王国迈向自由王国的重要条件就是自由劳动时间的获得。正是生产力的不断发展，社会生产已经到了这样的地步，使人们不必像过去一样挤压自己的生命时间就能获得较高的回报和生产较多的价值。在这样的社会历史阶段，人们的闲暇时间越来越多，社会进入到有闲社会。有闲社会是人们自由全面发展的前提，这个"自由全面发展"既包括了人的精神生活的极大丰富，也包括了人的身体健康的持续拥有和获得。由此观之，有闲社会的人们将会用更多的时间从事营养卫生和保健工作，这对民族医药市场营销来说，显然是利大于弊的，尽管如前所述，可能存在过度消费的潜在危害，但有闲阶层并不一定进行非理性的医药消费，反过来可能更加注重医药质量的考虑。那么，民族医药传统品牌就能在适当的时候崭露头角。因为人们将会越来越重视真品牌，而对依靠虚假宣传和过度包装所形成的虚假品牌将会有更多的时间和实践来鉴别。

3. 知识社会的到来。人们通常喜欢称当今社会为知识经济时代，言下之意是知识对资本的超越，或者更为简单的描述就是科学技术已经取得第一生产力的地位。知本家被认为是这个时代的创业精英，他们利用手中掌握的知识创造了社会财富的同时也创造了个人财富。但是，随着精英教育走向大众教育，现时代已经不存在（或很少存在）知识壁垒或者由于社会阶层和社会关系而形成的教育壁垒。人们轻易就能获得想要阅读的书籍和想要从事的学习。知识社会由此产生。知识社会对民族医药市场影响的是人们对民族医药的迷信将会被打破。消费者不再偏信舆论和广告的宣扬，而是用自己所掌握的相关知识去破解民族医药品牌的奥秘，去鉴别民族医药品牌的内在价值。这对于习惯于巫医不分的部分营销人员和制造企业来说，显然是从根子上解开了他们的老底。尤其是现代人对科学的迷信成为一种新的社会问题。若要使民族医药品牌建设达到预想的目的，那么，民族医药企业主动进行现代化转型就是必要的。只是在这转型的过程中所遇到的问题依然还会严峻，比如在医药加工和制造的过程中选择现代技术手段还是传统工艺？这就会造成人们对它的不同看法。因此，知识社会中民族医药企业的改革并非引入现代化生产设备这么简单。

4.新媒体社会的到来。援引何华征的说法：新媒体是一个有一定争议的概念。有些人把新媒体等同于具体的某种媒体应用形态的物质载体，有些人则把媒体应用形态本身当作新媒体，也有些人从新媒体的某一显著特征来界定它。"新媒体"是一个时代的特征和产物，它在技术上的改变（即移动互联网）是显而易见的，但它在传播方式上（即交互式传播）的变更则更加引起人们的关注。因为，这种传播方式的变迁直接影响到人的生存问题，影响到人在现实世界和虚拟世界的生活：它通过影响经济、政治、文化、个人思维和生活习惯，以及社会交往和社会结构，而使整个社会成为（在一定程度上）受新媒体操控的社会。在这个意义上，对新媒体概念的界定就必须是全方位的：既要有技术、器质上的说明，更要有社会影响、效用、发展前景上的阐述。①随着新媒体被广泛地使用，本世纪以来，新媒体成为最重要的社交工具和虚拟生活平台。新媒体对民族医药的影响是全方位的。其一是在广告上的影响。新媒体广告为民族医药产品的叙事性广告提供了多种可能的途径。其二是在品牌受众上。因为交互式传播的革命，新媒体时代人们对民族医药的知识性认知主要来自于互联网，而人们对民族医药的消费体验则变成了即时传播的"口碑"。其三是伪知识和伪技术难以藏身，伪品牌亦很难招摇过市。当然，这是针对民族医药市场营销而言的。如果针对新媒体时代人们生活的新状况，比如电脑上瘾、手机控等所造成的现代人亚健康的普遍性扩张，则在民族医药的开发商还有更多的谋划空间。

（二）医药市场与民族医药市场

医药市场无疑是大市场，而民族医药市场则在大市场中占有主要的地位和绝对优势的市场份额。这主要是因为根据现行的医药管理制度，处方药和非处方药在流通管理上是不一样的，医药市场营销的一般经营领域以非处方药为主。保健品更是属

---

① 何华征. 新媒体时代人的生存问题的现代性解读（上海财经大学博士论文）. 2014：3.

于食品管理，而不属于药物管理。民族医药在这方面占有优势就是因为民族医药的一些成品一般属于非处方药，而且它可能存在的使用风险是非常低的。加之民族医药在保健品开发方面具有得天独厚的优势，所以民族医药品牌建设和民族医药市场的开拓拥有巨大的潜力。

1. 大市场。市场一定要以"大市场"作为营销的背景和进行销售策划的出发点。那么，何为大市场呢？所谓大市场指的是大量、大气、大度、大为、大利。大量就是说民族医药市场的产品流通量非常大，它不是一种小众消费。大气指的是民族医药要建立在深厚的民族文化根基之上，无论是经营理念还是企业文化，都要体现亦儒亦商的气魄。大度指的是民族医药市场营销不能只顾眼前利益、局部利益，而要着眼全球、纵观前后，这样才能把握市场风云变幻的规律性。大为是指民族医药市场营销不能以纯粹的经济效益为目的，而要追求"经济－文化－社会"的"全效"。大利指的是民族医药市场具有巨大的市场价值，它的资本化可能带来惊人的利润。

2. 大消费观。"大消费观"是指人们消费观念的系统性变迁，人们不再局限于对具体事物的具体有用性的占有，而是对商品和服务的整体性消费。何为整体性消费？就是指消费者在传统消费的基础上，对商品的包装、广告、口碑、品牌想象、价值延伸等的系统性消费。"大消费观"不仅需要满足人们的某种生理需要，还要满足人们各种感觉器官和心理的需求。对于民族医药产品而言，首先，消费者肯定是要消费它的基本功效，即它在养生保健方面所具有的优良功能；其次，消费者还消费了它的符号价值，即消费者在进行这种消费时能够带来哪些符号性意指关系；再次，消费者还需要满足自身的视觉、触觉和听觉上的审美需求，从而要求对商品的形象设计、品牌叙事做到尽善尽美。"大消费观"是当今和未来市场营销必须认真研究的时代课题。这里需要谨记的是，大消费不是奢华消费、奢侈消费，而是消费者的综合性价值诉求体系。

3. 大品牌。医药市场能够做大品牌的企业是非常多的，但优秀的民族医药企业并不多见。民族医药市场要做大做强就需要有大品牌。培育大品牌不是一种抽象的描述和空洞语言，而是建立在企业文化和企业战略基础之上。大企业做大品牌是以特定品牌为标榜，延伸出系列子品牌，但是子品牌不能另立品牌名称，否则就相当于重起炉灶，事倍功半。大企业的大品牌需要"系列化"，需要"代际化"。所谓系列化指的是以一定品牌为特征符码进行产品系列的扩大生产，而代际化则是指同类产品的不断更新换代。对大企业的大品牌战略而言，"双化"可以同时进行，也可以交叉进行。但是，对于小企业而言，大品牌就显得困难一些，但并非毫无出路。小企业的大品牌战略需要将重心放在3至5个产品种类上，产品横向种类不可过多，过多就会无能为力。在这样的背景下，对小企业而言，大品牌的生存策略就只能是"代际化"的不断适当加速。民族医药产业更多的要遵循小企业大品牌的策略，而要做到大企业大品牌，则需要更多的积累和冒更大的风险。

4. 大营销。大营销指的是全面营销、深层营销。对于医药市场营销而言，营销的困难在于相关知识的传输，因此，知识营销往往成为很重要的策略。当然，知识营销在一定程度上有效的。特别是面对那些缺乏相关知识背景的人来说，知识营销能够有起到很好的宣传作用。但是，正如前面已经阐述的，当今时代是一个人人都能熟练掌握新媒体的时代，人们（尤其是年轻人）普遍文化素质较高，要想获得一定的相关知识是比较容易的，在面向公众的搜索系统当中检索相关文献的成本相对低廉。如此，仅凭知识营销显然是不够的。对于民族医药市场来说，大市场意味着一种营销方法的革命式变革。过去认为主动营销是最好的方式，认为市场是依靠人们创造的。那么，作为"大营销"策略，就不能单凭主动性而获得成功，只有主动性与被动性的结合才能在消费者心里留下深刻的印象。这是什么意思呢？所谓主动性大营销，指的是传统营销的系统性运用，是全面应用人们业已掌握的营销谋略来促进消费者的购买行为。而被动性的大营销则是指这样一种营销策略，营销方以陈列的方式接受消费者的主动检索，使人们在新媒体的搜索中能够快速获得相关知识。主动性营销用来应对消极消费者和市场经济发展初级阶段的一般客户，而被动性营销则用来应对积极消费者和市场经济比较完备阶段的高级客户。当今社会正处于转型时期，抓住主动性营销和被动性营销的结合点，尤其是尽早在被动性营销中占据先机，将会是企业市场发展最为有利的软性基础设施建设。

民族医药市场迎接时代浪潮就要全面掌握时代特征和由此而发生的市场变局，深入了解大市场、大品牌、大消费、大营销的深刻内涵，在构建高品质的民族医药品牌的同时，唱响市场盈利的凯歌。

（三）民族医药市场的春天与严冬

从生产经营内部看，我国民族医药取得了举世瞩目的成就，民族医药的基本理论得到了系统、全面整理，民族医药鉴定检验技术取得新的进展，药物炮制技术与原理的现代研究不断推向前进，医药化学、生物医学等相关学科的发展为民族医药的发展提供了技术支撑和科学解读，药理研究的现代化成效显著。民族医药事业的发展势必会为民族医药市场的繁荣创造条件。从市场营销的外部环境看，我国居民的健康保健意识不断增强，人们对民族医药的信任也不断提高，国际社会对中医药也逐渐理解和接受，这为民族医药市场营销带来了福音。然而，我们既要看到有利的时代条件，也要看到不利的市场困难。

1.民族医药市场的春天。民族医药市场的繁荣主要表现在这样一些方面：其一，人们越来越注重"治未病"，越来越重视中医养生之道，并将千古中医药文化传统当作文化精髓来传承和学习。其二，当存在中西医药两种选择的时候，除非急症患者，一般病人宁愿选择药效较慢的民族医药产品。其三，民族医药产品种类繁多、在各大药店上架的民族医药产品占很大的比重。其四，滋补、保健药品几乎全部被民族医药品牌所包揽。其五，与民族医药相关的民族武术和健身术得到大众青睐。那么，上述五个方面的表现是由什么原因造成的呢？大体说来有如下几个方面的原因：第一，民族医药品牌的现代化、科学化取得了一定的成效，它的药理作用得到了较为恰当的证明、检验和表达。第二，人们物质生活越来越丰富，闲暇时间越来越多，对养生保健越来越重视（这一点在前文已经有所论述）。第三，西医化学药剂的毒副作用令人们深感恐惧，现实生活中由于抗生素药物、激素药物的副作用所导致的生理伤害事件屡见不鲜，从而加强了人们对民族医药的好感。第四，国家政策大力扶持民族医药的发展，等等。尽管还有许多难以全面涵盖的原因，但上述四个方面是民族医药市场之春天来临的主要原因。不过，春天的来临和寒冬的逼近之间并没有不可逾越的鸿沟，只要人们错失良机，草率应对，民族医药市场就可能被现代医药化学工业占据先机。

2. 民族医药市场的寒冬。就目前而言，民族医药市场尚不足以称之为寒冬，但一旦我们放松警惕，松懈对待，不走规范化、科学化道路，在营销过程中采取哄蒙拐骗的方式，民族医药市场的寒冬就可能立刻到来。这里主要谈几点潜伏性的危机及其表现。其一是市场主体危机。这种危机主要表现在民族医药市场主体不明：一方面，在一些地方，地方政府比较重视，而研究机构和企业界的热情并不高，导致民族医药主体偏差。事实上民族医药的发展繁荣需要整合政府、企业、市场、个人的力量，形成合力，才能取得应有的成效。另一方面，主体危机还表现在民族主体可能随着对外经济交往的加深而泄露、外流。其中主要是民族医药保密配方的泄露和合资经营与股份制经营与研发的过程中的品牌外流，品牌的实际控制方被迫变更为外资方。其二是品牌文化危机。这种危机主要是随着草根文化的兴起，对传统文化的轻侮和轻视随处可见，在保持一定的科技机密的前提下如何印证品牌的实效性，需要足够的睿智。品牌文化危机说到底是年青一代或者以后若干代人是否能够深入理解民族医药文化的精髓，并将民族医药文化传统与封建迷行截然区分开来，这是一个非常严峻的问题。其三是产权保护危机。这个危机主要是我国法制建设不够健全所造成的，随着我国依法治国力度的加大，相信这一危机可能会得到克服，不过现时代人们的商标意识、专利意识还有待于加强，不要给他人有机可乘。其四是过度营销危机。民族医药市场营销的目的不是要狂轰滥炸，不是要在每一片瓦砾中都灌输民族医药文化的灵魂，而是要在正确的地方用正确的方法理智地引导消费者进行民族医药消费。过度营销是对民族医药营销的灾难性破坏。

民族医药市场营销的研究建立在时代变迁的现实土壤之上，民族医药市场营销和民族医药品牌的建立是两个紧密相关的过程，或者说是同一过程的两个紧密相连的方面和层次。当前对民族医药市场及其营销的研究与时代发展和民族医药振兴的步伐相比，显然是落后的。还没有人冷静地思考民族医药市场营销可能产生的社会问题和文化问题。然而，一旦离开这些问题来孤立地讨论民族医药市场营销的问题，这个"营销"就从"民族"的丰富性内涵中下落到"市场营销"的单向度价值当中。民族医药市场营销为民族医药品牌的建立、壮大创造了社会条件，而民族医药品牌的发展壮大是民族医药市场营销各方利好的重要秉持。所以，将二者分隔开来进行研究肯定是形而上学的。

第三章　民族医药市场营销模式与策略

　　营销模式与策略是市场营销理论中非常重要的内容，是指企业在确定目标市场之后，为实现企业经营目标而使用的手段，以及这些手段的谋划过程。民族医药市场营销在制定营销战略的时候，首先要考虑的是市场营销的环境，包括宏观环境和微观环境。在相对确定的市场环境中进行具体的营销手段制定、营销步骤安排、营销日程表和工作方案等。民族医药企业或者营销部门对目标市场的需求状态要有清晰的了解，对新时代人们的医药消费习惯和消费愿景有确切的把握。在此基础上形成诸多可供选择的营销模式，这些营销模式或者由单一的方式所构成，或者组合了多种营销手段。对民族医药市场营销的组织、检测、控制等过程要形成全面的机制和规范性蓝图。营销模式没有固定不变的，但如果变动过快也会损害企业的经营文化和个性，同时也不利于顾客黏性的形成。

　　民族医药市场营销一般遵循要素化组合模式，这主要是基于前面已经论述的大市场、大消费的现实背景。若想用单一的营销手段获取较高利润，只有在小市场、小消费的传统（匮乏时代）经济条件下才是可能的。在对民族医药市场营销的要素进行合理分析的基础上，整合这些要素，并灵活地运用这些要素是医药市场营销取胜的法宝。对于社会药房而言，消费者行为的分析也是非常重要的，非但如此，对社会药房中的消费者行为分析，其结论也有利于民族医药营销企业和营销人员掌握终端消费群的心理和诉求，从而做到有的放矢，并合理地反馈给源头销售者或生产者。

边疆民族地区医药市场营销具有独特的文化和市场背景，它不能在一般医药营销的理论框架内获得实践需要的指导思想，而必须在民族化和区域化的文化环境中才能寻求有利于民族医药市场开拓和持续发展的良方。边疆民族地区医药市场营销要素的分解与整合是医药市场营销的个别性，这种个别性中包含有延展性的市场经营理论，从而在本书看来，对边疆民族地区医药市场营销的分析就构成了整体性民族医药市场营销策略的原典性理论出处。民族医药市场营销的战略计划与它的营销实绩之间会存在一定的误差，尽管这并不适宜在本章论述，在此提出这个问题的目的是要告诫医药市场营销的实践者：民族医药市场的复杂性远非理论上阐述的那么清晰可见，本章唯一能做到的是为洞彻民族医药市场并熟练驾驭这个市场提供基本的方法指导和方向性设计图。

第一节　民族医药市场营销的要素化组合策略

市场营销研究的经典作家并未把模式化当成市场营销的灵丹妙药。在市场营销的实践与理论研究中，的确存在模式化的问题，但这种模式化只是要素化模式的组合营销策略。传统营销模式，在此获得要素化模式的准确定义。边疆民族地区医药市场营销是一个动态的、系统的实践活动的体系。影响边境民族地区医药市场营销的因素很多，"边疆"和"民族"是理解地方经济文化状况和分析医药市场营销环境的关节点。这两个关键词隐含的经济发展水平、教育文化水平、医疗健康水平、多元文化状态等，成为医药营销市场营销策划的必知"域情"。没有对区域社会经济文化情况的具体掌握和领会，就不会有理性的营销方案。本课题在德宏州医药市场营销具体环境分析的基础上，试图通过写实性的说明，得出必然的，而不是主观臆断的要素化模式营销组合（整合）方案。当然，如果这种具体案例的效应需要受到限制的话，那就是它提供了一种要素化模式整合的思路。

1.经典作家并不刻意追求和探讨"模式化"营销。科特勒在其《营销管理》一书中认为21世纪的营销应由"产品中心"哲学转变为"顾客中心"哲学,并且认为,全面营销观念正是21世纪的营销新视野,它能带来商业实践的新力量。"全面营销理论认为营销应贯穿于'事情的各个方面',而且要有广阔的、统一的视野。全面营销涉及四个方面:关系营销、整合营销、内部营销和社会责任营销。"[①]全面营销理论确认了营销活动的系列化和整体性,因而避免了孤军奋战带来的恶果,特别是它认识到营销本身是在系统中生成与发展的,它不只是系统的一个要素,其本身就构成一个完整的系统。尽管科特勒试图把营销指涉的一切"对象性存在"都纳入到营销实践的理论范围之内,并且在"对象"——如其所说的,营销部门、高层管理、传播、产品与服务、渠道、道德、环境、法律、社区、顾客、合作伙伴,等等——的相互关系中确认营销活动的全面性。当科特勒这样定义全面营销理论的时候,他完全没有把他所认为的全面营销所涉及的关系营销、整合营销、内部营销、社会责任营销视为一些分裂的营销"模式"。相反,他强调的是它们作为营销工具的"要素"的地位。同样,在市场细分中,科特勒也没有把补缺营销、本地营销、顾客定制等视为一些营销"模式",而是当作营销工具与手段,或者可以说是某种营销理念。然而,模式化却成为人们向往的理论"教旨",似乎只要寻找到一种可以称之为"模式"的经典范例就可以在营销

---

①(美)菲利普·科特勒,凯文·莱恩·凯勒.营销管理.上海:上海人民出版社,2006:18.

实践中"具体应用"。这些预设方案，多少带点形而上学的残迹，在具体的商业实践中，不是导致理论的失效，就是导致实践的失败。

2. 微观营销模式是一种系统化存在。如果"模式"确实存在，那么，这些模式只是一些"要素模式"。在有机的营销活动系统中担当某种必不可少的或者可以替换的营销要素（工具）的功能。在针对目标市场的各种不确定性或者调研结论开出营销"处方"的时候，模式化的各种理论所能达到的功效仅仅在于"诊断原则"和"备选立场"意义上的作用。如果把某种单一的营销"模式"当作模式，那么被抽象化的理论就无法应对丰富性的具体市场环境。路长全曾说，"模式就是一个体系，模式要复合，不复合不强大。任何单一的模式很容易被模仿和超越，只能产生短暂的竞争力"。可见，所谓"单一的模式"其实并不是模式，本文称之为"要素模式"（即作为要素的模式）。营销实践是一系列要素模式的"组合拳"，它们相互配合以完成企业目标。这是否说明"模式"本身是永远缺席的呢？

试图求解一劳永逸的营销模式的确是一种荒谬的行为。时下许多营销研究者所热衷的普适性的营销模式也是不存在的。但这并不意味着"模式化"营销的完全缺场。模式，是一个企业经营方案的独特性之所在，是行业之间与地区之间经营策略的差异性之所在。"营销模式是商业模式的核心手段与实现形式，可以说，我们的企业正在进入营销模式创新制胜的时代。"①

---

①程绍珊，张博.营销模式：创新无止境.销售与市场：管理版，2012（4）.

营销模式从宏观来讲，可以有行业（或领域）营销模式、时代（或阶段）营销模式、地区（或国别）营销模式等，在这里，"模式"可以置换为"一般特征"，从中观来讲，指（特定）企业营销模式；从微观来讲，指特定企业针对特定产品（和服务）、目标市场的营销方案。宏观"模式"具有一般性，因而在适应范围上讲比较宽泛，也正因为如此，对于企业营销实践来说，不构成"出奇制胜"的要件。中观"模式"看似已然独特，因为它总是一个要素化系统的整合体，在理论上具有独立存在和生成发展的价值。但是，中观模式的缺点是庞杂而难以进行理论概括，或者说，勉强概括出来的"模式"类型会导致误用，使借鉴方遭受市场失利的风险。只有微观模式，才是存在的，而且是有实际操作价值的。微观市场营销模式（下文所讲的营销模式）在以往的研究和操作过程中被"工具化"、"抽象化"、"标签化"的情况非常严重，以至于营销研究理论与实践的脱钩渐行渐远。

3. 微观营销模式研究的误区。很明显，营销模式"工具化"、"抽象化"、"标签化"的初衷是为了复制的方便。然而，这种把丰富、变动、不确定的市场环境简约为单一营销场域的做法，导致了市场营销的过于简单化，或者成为纯粹的学术语境。市场营销作为一门实践科学，只有在丰富、流变的实际环境中才能确定某种营销模式，在此意义上，任何一种取得检验的营销模式，只具有借鉴、参考的作用，它的价值在于战略思维层面上，而不在于具体战术的运用。如此一来，我们就可以果断地指认流行的研究思路中有不少形而上学的路径。一是把具体营销工具的改变当作新的营销"模式"，比如赛博空间、微博、博客、三网融合、便捷聊天工具等，它们确实为新的营销思路开阔了视野，提供了更多便利的工具，然而，它（至少就实体产品而言）不构成一种营销模式。二是把某种营销理念当作营销模式，比如低碳、绿色、顾客至上、产品之上、健康、可持续。事实上，这些新时代催生的新的观念，是任何企业和任何运营管理都必须遵循的原则性的东西，没有这些与时俱进的治理理念，一个企业是很难称之为一个现代企业的。三是单一营销手段充当一种营销模式，比如定制、DTC、电子订购、DIY、体验、数据库等。这些手段，在时代变化中对市场营销策略的制定有着举足轻重的作用，但是，单一手段被冠以营销模式的称号是不妥帖的。

4. 作为要素的模式何以可能。"模式"总是一种综合、一个系统、一个体系、一套组合拳、一个有着上下文的语篇，而不是一个侧面、一个要素、一个单调的动作、一个脱离语境的词汇。经典营销模式展示的不再是一种新鲜出炉的营销介质，或者一个不为人知的商业隐私，或者一组莫名其妙的新的表达范式。经典模式的要义在于揭示营销组合的成功奥妙：具有针对性的、可操作的、有战略高度的、时新的、获得成功的、富有智慧的营销组合方案——它最终揭示的是一种营销理念，一种思维技巧。也就是把"要素模式"整合成符合营销语境的智慧产品。它在物质生产流通中生成，在精神气质上确立自己的高度。"要素模式"（传统模式）整合的产品（经典营销模式）正是本文所倡导和确信的营销模式。而传统模式（责任营销、生态营销、个性化营销、文化营销、体验营销、关系营销，等等）无非是构成经典营销模式的要件，每一种经典营销模式的倚重点会有所不同，组合策略会有差异，这也就构成了丰富多彩的、灵动变幻的市场营销景观。

第二节 社会药房消费者购买行为的影响因素

医药市场整体发展迅速，社会药店卷入医药营销竞争。通过观察、访谈和问卷调查，分析影响消费者购买行为的因素，有的放矢地改进营销方式，制定营销策略，是社会药店与医院、医药制造企业等分享市场蛋糕的必要准备。本节主要通过对云南某医药经营企业的消费者进行调查，以便得出某些合符事实的研究文本。社会药房消费者购买行为从表面上看具有个别性，然而，当样本增加到一定程度，剔除某些干扰因素，依然可以发现基本的消费规律。尤其是购买行为对民族医药市场营销方案的"再设计"起到很好的指向作用。

根据国家食品药品监督管理局南方医药经济研究所发布的《2010年度中国医药市场发展蓝皮书》（简称《蓝皮书》）显示：2010年药品零售市场规模约为1739亿元，同比增长17%。面对日趋激烈的竞争，如何使自己比竞争者更好地满足消费者的需要和欲望，实现企业运营目标，是各大社会药店的紧迫任务。由于人口结构老龄化、新医改"全民医保"以及国民综合支付能力的提高，我国有望在未来10年成为全球第二大药品市场。随着社会的进步，经济的发展，文化的普及和人民生活水平的提高，消费者购买力增强，医药消费行为更加富有理性。对影响药店消费者购买行为的因素进行分析，就是为了节约营销成本，迅速建立积极健康的供需链接。

（一）分析的理论基础

研究消费者行为的刺激—反应模型认为：特定性格特征的消费者做出购买决定，是基于营销和环境的有效刺激。因此，营销人员就要弄清怎样的外部刺激才能最终促成消费者的购买行动。在实践购买欲求之前他们的意识中发生了什么微妙的变化。心理学研究表明，动机、认知、学习和记忆的心理过程从根本上影响着消费者对于外界刺激的反应。

1. 动机。在营销学上，动机既可指由特定需要引起的消费意愿，也可指消费者因消费躁动而在心理上形成的思维途径，甚至只是一个人在做某种决定时所产生的念头。消费动机是一个人心里和行动一致的一种倾向，是消费理念实施的组织源头，他人的消费行动产生足够的内驱力。比较流行的动机理论有弗洛伊德理论、马斯洛理论和赫茨伯格理论。弗洛伊德动机理论认为，形成人们行为的真正心理因素大多是无意识的，一个人不可能真正懂得其受激励的主要动因。当消费者面对特定品牌的产品时，他不仅对品牌产品的显性特征有反应，对产品的潜意识方面的特征也有反应。马斯洛则认为，人的需要按层次排列为生理需要、安全需要、社会需要、尊重需要和自我实现需要。人总是先满足最迫切的需要，再满足其他的需要。美国管理理论家赫茨伯格提出了动机双因素理论，这个理论区别不满意（引起不满意的因素）和满意（引起满意的因素）两种不同因素。他认为仅仅避免不满意因素是不够的，还必须激起购买的满意因素。

2.认知。从消费者行为心理分析的角度看，认知是指人们对商品和购买行为本身的价值和意义的认识过程。心理学表述为个体对感觉信号接收、检测、转换、简约、合成、编码、储存、提取、重建、概念形成、判断以及问题解决的信息加工处理过程。它是个人选择、组织并在大脑中重构信息，用以创造一个关于世界的有意义的图像的过程。消费者对同一刺激物会产生三种认知过程：其一，选择性注意。它注意到人们会更多地关注那些更为紧迫的需要，并将更多的期望赋予他们所渴望的事物。同时，人们对那些具有独特个性的产品会更加容易产生兴趣。其二，选择性扭曲。这指的是人们有意无意地将信息加以扭曲，使之合乎自己的意愿。当消费者把那些中立的模糊的品牌信息当作积极的信息时，选择性扭曲认知对那些拥有强势品牌的营销者来说似乎是有利的。其三，选择性保留。人们乐于保留那些能够支持其态度和信念的信息。因此，我们很可能记住一个产品的优点，而对其他同类产品的优点疏于关注。选择性保留对强势品牌的确很有用。①

3.学习。它是指由于经验而引起的个人行为的改变。学习的理论告诉营销者们，可以通过把学习与强烈驱动力联系起来，

---

① （美）菲利普·科特勒，凯文·莱恩·凯勒.营销管理.上海：上海人民出版社，2006：204-205.

运用刺激性暗示和提供积极强化等手段来建立对产品的需求。消费经验的分享，产品知识的普及，社会时尚的积极引导，所有这一切都将成为有效"勾引"消费欲求，刺激消费动机的有效手段。个别咨询和舆论引导解决了个性学习需要和社会总体关怀之间的内在矛盾。学习的实质是卖方对买方的信息灌输和买方对购买对象的主动认知欲求的有机统一，是对购买对象的全方位的认知诉求的基础上所引发的对直接或间接的经验体会的需要。

4. 记忆。在营销活动中，促成记忆是建立稳定的销售网络的基础，从战略的角度看，它在某种时间段后会使消费者形成一定的心理依赖，对于尚未实践的消费欲求不断产生激活作用，而已然有过的消费经验会导致习惯和习俗的确立。就此而论，增强记忆是促成行动的坚强后盾。在生活中累计的所有个人信息和经验都可以发展为他们的长期记忆。消费者的品牌知识变为记忆将会产生一个非常奇异的消费行为的路径依赖和品牌联系。营销人员必须确保消费者对于产品和服务的认识和评价对购买行为的扩展有利，并且不断地刺激这种记忆的维持和良性更新。

（二）调查研究的方法

1. 调查对象：进入药店购买药品的消费者。

2. 调查地点：保山市一心堂药店集团 24 个门店。

3. 调查方法：入店观察法和出店访谈与问卷调查。由调查人员直接对调查对象的行为、反应、感受进行观察，记录被调查对象的全部过程的活动细节。通过对被调查对象的性别、大致年龄、体貌特征以及调查过程中消费者的语言、神情、行为、反应、感受等活动的观察，取得被调查对象的第一手资料。由于被调查者在整个调查过程中都不知道自己正在被调查，其购买行为受外部因素的影响基本可以忽略，所以所取得的调查资料比较真实、详细、准确。当然，不可避免的缺陷是调查者本身的领悟能力和信息接收状态可能会导致结果的失真。只是相比问卷调查和访谈等方法而言，被调查者的问题理性并没有被激起，因而反映的结果有可能更加接近事情本真。为了进一步确定调查结论的真实可靠，还需在顾客出店后进行访谈和问卷调查，以增加对信息掌握的广度和深度。

（三）调查结果的分析

通过其他文献资料和各门店经理提供的参考消息，我们把影响消费者购买行为的因素拟出 15 个指标：价格、营销人员的诱导、品牌、产地、厂家、促销活动、广告、亲友介绍、使用经验、剂型、药品成分、包装、购买方便、使用方法简便、其他。观察法调查 240 例（指最终完成购买行为者），其中接受访谈 112 例，接受问卷调查 57 例。

在直接观察法阶段，我们发现，直接指明药品名称的为 112 人，占 44.5%；直接指明需要特定生产厂家或品牌产品的顾客为 45 人，占 18.5%；需要咨询当班药师或导购推荐才知道购买何种药品的为 83 人，占 34.6%。其中，仔细阅读产品外包装的说明者为 42 人，占整个被调查者的 17.5%。

观察结果显示：人们购买 OTC 药品或者保健药品，与购买其他产品有明显的不同，那就在于目的的明确性。而购买非处方治疗药品的人中，需要常用药的占81.67%（计196人），购买保健品的人数占18.33%（计44人）。其中，购买保健品的人中有43人直接指定需要某种品牌的产品，占保健品购买者的97.7%，交谈中得知，保健品的终端消费者绝大部分是60岁以上老人，少数为未成年人，极少数为青壮年。然而，购买保健品的人中很少有人仔细阅读使用说明和产品成分，而对外包装带着欣赏的期待。OTC产品购买者则相对比较关注药物成分，大部分会询问导购产品属于中药或是西药。

在169例访谈对象或问卷调查对象中，表明其选择性购买基于便利的占45.5%（77人）（此类人会同时基于其他的原因和目的），基于使用经验的占72.8%（123人），基于广告诱导和知识学习的占33.1%（56人）（其中大部分指定特定的产品，同时一半以上购买的是保健品）；基于购买经验（服务质量考量和售后水平考量）的占46.2%（78人）。购买者中95.9%（162人）在乎疗效（多选问答），92.9%（157人）在乎价格（多选问答），36.1%（61人）在乎剂型、口感（多选问答），60.4%（102人）会偶尔考虑到药品成分（多选问答），基本上都会考虑职员服务态度（多选问答）。

从上面的调查结果可以看出：（1）消费者购买药品，主要是基于效应考虑，对一般疾病的一种治疗，或者是达成某种特定的目的，比如对长辈的孝敬或者对晚辈关爱。药品和保健品的质量是促成购买行为的主导因素。（2）如果说消费者对药品价格的敏感度不高，那是一种误会。只有在权衡疗效和价格的时候，基于人们整个生活质量的提高而显得更加倾向于前者，大都还是喜欢物美价廉的东西。（3）营销人员的诱导为消费者选择药品提供了决策支持。从调查中，我们可以看到，大部分的消费者缺乏医药卫生常识，对多发病、常见病的发病原因及病理缺乏了解与分析，对用药方式方法及对症下药更是知道得很少，这就决定了消费者在购买药品的过程中，希望获得营销人员对适应征和药品的用法用量及用药时间的介绍。针对这样的目标消费者，营销人员如果能对其病症、病因进行分析，并推荐用药，消费者一般会很信任，并接受营销人员的推荐立即购买。可以说，营销人员的诱导促成了消费者的购买决策行为。（4）品牌成为影响消费者购买决策的一个重要因素。品牌代表卖者对买者的产品特征、利益和服务的一贯承诺。而对消费者而言，品牌意味着一定的质量水平、利益和服务，同时也是生产者对消费者许下的一种情感承诺，在现今条件下，特别是在保健品品牌垄断趋势加重的趋势下，品牌也成为一个身份性的确认。（5）营销手段的利用是增进产品销售的有效方式。药品不同于我们购买的其他产品，消费者一般要等到生病了才去购买，但消费者可以购买某些药品放在家里以备急用。因此，企业可以采取一定的营销手段刺激消费者的购买行为，引发消费者的购买欲望，不断提高消费者的学习欲望和对相关健康知识的记忆。特别是要有意识地加强建立品牌产品—品牌药店—品格生活的联系。刺激—反应模型就体现了消费者购买行为的发生过程。药店可以通过自身所能控制的营销因素，即产品、价格、渠道和促销对消费者的购买行为进行适时的刺激，激发消费者的购买欲望，达到营销的目的。

（四）基于调查结论的营销建议

1. 加强渠道建设，提升企业竞争力。医药产品分销渠道是一个多功能的系统，它要求通过在适当的地点，以适当的速度、合格的质量、准确的数量和低廉的价格向目标消费者提供优质的产品与服务。[①]从而提升企业市场竞争的能力。

2. 利用营销手段，增进产品销售。营销手段的选择与利用是制定医药企业营销策略的关键。在了解影响消费者行为的因素的基础上，根据目标消费者的需要和欲望制定出相应的营销手段。药房可以加强对自身可以控制的各种营销要素如质量、包装、价格、广告、渠道等的优化组合。重点考虑产品策略、价格策略、渠道策略和促销策略，即"4PS"。开发市场潜能，激发消费者需求，引发消费者的欲望，最终达到增进产品销售的目的。

3. 引进专业人才，加强人才建设。作为药店的营销人员，必须是受过医药、营销专门教育或培训的专业人才。营销人员只有既懂医药知识又懂营销知识，才能正确地指导消费者购买、使用药品，并促成消费者的购买行为。专业人才的引进，可以优化药店与消费者之间的关系，提高消费者的满意度，促进医药产品的销售。

4. 提供用药咨询，促进关系营销。消费者对于小病、常见病以及慢性病习惯于去药店购买药品。提供适当的用药咨询对

---

①沈志平.医药市场营销.北京：科学出版社，2010：135.

药店来说更有利于满足医药消费者的需求，提高消费者的满意度，促进关系营销。

5.创建药店品牌，提升企业形象。品牌能表明一定的质量水平，品牌忠诚度可为企业提供对需求的预测并创造其他公司进入市场的障碍。虽然竞争者可能容易复制生产过程和产品设计，但他们很难模仿某一品牌多年销售活动和产品经验在个人和组织心目中的形象。创建药店品牌可以提升药店在顾客心中的形象，提高和保护竞争优势。

第三节　边疆民族医药市场营销要素模式分析

　　单一的营销模式已无法适应边疆民族医药市场发展的需要。在要素化营销模式中，传统认为的那些营销模式只是其模式系统的构成因子。要素化营销模式不是对传统营销模式的简单组合，而是以医药市场需求与发展为依托、以文化发展为背景、以边疆发展为特色，切合医药市场营销环境的营销组合方案。要素化模式在以往的营销理论研究中被视为可以独木成林的可靠方案，而在本书看来，仅仅是经典营销模式的一个要素、一个组件。每一种要素模式都具有自身生成的独特背景，在某些领域和场合有其独到的效能。边疆民族地区医药市场营销是一种相对独立的特殊营销语境，它构成了某种营销模式的场域。要素化的营销模式并不是在同一标准下的分类，有关它们的并列阐释总是牵强附会的。然而，这在营销模式构建的过程中，作为要素模型的供给，恰好填补了营销策划出发点单一和思维惯性的缺陷。边疆民族地区医药市场营销模式的构建，提出了三个关键词：边疆（地域）、民族（文化）、医药（行业）。要素模式要符合营销实践的需要，就必须遵从这些基本的实际情况，达到要素模式与营销环境的耦合，从而整合出高效、便捷、节省的市场营销模式。

1. 应激（急）营销。当代市场具有瞬息万变的特征，机遇只会垂青那些有准备的企业。应激（急）营销就是指随着市场变化，第一时间做出反应，提供营销服务的营销策略。作为要素模式，在医药市场营销中具有极其重要的作用。信息社会的市场竞争强调的就是速度，新需求瞬间出现，维持短时旺盛需求以后又突然消逝。企业产品如果不能跟上节奏，更新产品和服务，迅速理解消费者意愿、反应迟钝，就会在激烈的竞争中败下阵来。因此，医药（经营）企业必须构建精简、富有弹性和互动，极具效率并且高度自动化、网络化的营销模式。应激（急）营销成为首要的营销工具（理念）。流行病（如非典期间对抗病毒药物的大量需求）、审美观念演变（如对骨感、光滑、细腻、白嫩、铜色等躯体美学的主题变动）、健康理念变化等，都是医药市场营销应激（急）营销生长的客观因素。应激（急）营销遵循"刺激 (S)– 反应 (R)"的原则，其缺陷是时常有被市场牵着走的"被动感"。对于一般的医药营销企业来说具有生死攸关的意义，但对于医药营销巨头来讲，则并不是最佳状态——引领时尚、制造"刺激（S）"才是最高境界。

2. 生态营销。"绿色"、"生态"随着人类进入 21 世纪之后，逐渐成为取得共识的时代关键词。工业文明进步导致的大气污染、臭氧层破坏、全球温度升高、核废料处置等问题成为世界极为关注的重大议题。环境保护成为人类生存与发展能否持续的掣肘。市场营销如何在保证利润的同时符合环保要求，成为企业生存发展必须面对的核心问题。这不仅仅是协调公利与私利的关系，也是企业赢取消费者认同，取得营销成功的关键之一。在医药市场营销模式的构建方面，一方面要认识到，生态营销为整个中医药事业的发展提供了契机，使中国传统医药有机会参与全球医药市场竞争。因为中医药（草药）在绿色、环保、生态方面具有得天独厚的优势。同时，由于人们营养水平的提高，健康事业更加有利于崇尚"治未病"的中医药卫生事业的发展，人们对化学药物出现一定的心理抵制。另一方面也要认识到，中（草）药（及成药）也有其缺点和不足，在见效速度上会比不上化学药剂。生态营销在处方药营销方面要想取得突破，还必须借助于高科技对中草药的研发。就边疆民族地区的医药市场营销而言，人们更加关注的是治疗效果，生态营销取得的成效相当有限。但反过来，边疆民族地区自身具有的丰富的医药资源，却可以开发出来，以销往其他地区，生态营销理念在此将会发挥最大的作用。

3. 责任营销。责任营销当然包括生态营销，还包括了对于其他社会公益事业的支持和促进。2009年中国食品杂志社在国家有关部委、科研机构及企业界的支持下，发起了"中国食品企业主动履行社会责任与积极创建公益化营销模式的倡议"，其核心任务就是"解决企业短期效益和长期利益矛盾的同时，让社会公益得到尊重"。活动寄希望于企业家严于律己、恪守商业伦理，同时借助公益化营销体系（the Cause Marketing Syetem, 简称CMS）理念，帮助企业实施公益化营销计划，在企业长期利益与眼前利益和社会公益之间寻求结合点。这里简要列举该倡议书的前三点就可管窥一斑。"（1）无论是发展中的企业，还是商业中的巨子，无论何时何地，都要遵纪守法，科学经营，不做违背和损害公共利益的行为。（2）树立健康的经营目标和企业发展主题，积极发展先进生产力，引导健康文明的生产观和消费观，主动淘汰落后于时代的生产模式和管理意识。（3）主动关心社会公益事业，主动履行企业的社会责任，经常思考它们和自身企业产品定位的关联性，积极探索公益化营销模式，将公益的信念融入到营销中去。在解决企业短期效益与长期利益矛盾的同时，让社会公益得到尊重。"民族地区医药市场营销战略制定中，应该履行的社会责任还包括对边疆民族贫困地区医疗卫生事业的自觉支持，对民族文化的尊重和对国家名誉的维护，以及对边民其他社会事业的赞助，企业以此赢得社会认同。责任营销要求"营销者在营销活动中考虑社会和道德问题"。[1]医药营销关系人们生命安全，特殊的营销环境又不得不使营销企业关注边疆少数民族、经济困难人口的医疗卫生状况，并积极参与改善这些落后状况。

4. 文化营销。"文化营销最本质的特征是买卖双方的价值渗透。在价值观的共生共融之中，形成了消费者对产品文化的认同，进而愿意持续性地购买产品。"[2]文化营销其实包含着产品（产业）文化化的过程，这是比文化产业化更为深刻的产

---

①（美）菲利普·科特勒，凯文·莱恩·凯勒.营销管理.上海：上海人民出版社，2006：22.

②晏劲松.塑造家用小汽车品牌的文化营销模式研究.江苏商论，2011（10）.

业转型和技术升级。文化营销承载着增加商品（服务）的文化附加值，以及建立产品（服务）品牌的使命。厂商和消费者之间的文化沟通与价值认同成为文化营销能否取得成功的关键。然而，当今世界，各种文化相互交融激荡，各个文化体在竞争中同生共济。作为市场营销理念或者形而下的工具，文化营销必须解决文化冲突的问题。跨文化成为市场营销的普遍遭遇，无论是国际营销还是国内营销，甚至更小区域内的市场营销，都会存在不同程度的文化冲突。[①]边疆民族地区医药市场营销由于多民族共同生活的营销环境，使得文化营销面临着更大的挑战，然而又会增加更多的机遇。就挑战来说，民族之间的文化差异使得人们对健康观念、医药文化禁忌、品牌认同上存在巨大的差异，要在文化水平参差不齐的人们之间开展深度营销，宣传产品知识、增进相互了解，难度很大。就机遇而言，边疆民族地区各民族均有历史悠久的文化传承，民间医药资源丰富，开发民族民间医药资源，使之融入现代医药产业并广泛流通，市场前景广阔，利润空间巨大。当然，从广义的文化营销来讲，前述生态营销、责任营销均属其列。广义的文化营销在一定程度上可以理解为一种企业文化推广。"简单地说，就是利用文化力进行营销，是指企业营销人员及相关人员在企业核心价值观念的影响下，所形成的营销理念，以及所塑造出的营销形象，两者在具体的市场运作过程中所形成

---

①何华征.域内文化冲突与市场营销终端客户管理.中国流通经济，2012（7）.

的一种营销模式。"①事实上，这种广义的文化营销是一种文化沙文主义的自恋癖，只有针对目标市场的文化应激策略才能在尊重目标顾客的文化主体性的同时，获得顾客对产品（服务）文化价值的认同。边疆民族医药市场的文化营销策略只能采取狭义的文化营销手段，在尊重边疆民族文化个性的同时，积极倡导新的消费理念和促成新的消费意愿。

5. 全媒体营销。2010年5月泛媒研究院在北京成立。"近20年来，传播技术所引起的人们生活方式的种种变化，可谓人类历史上前所未有的社会变革。从获取新闻的方式到寻求娱乐的手段，从人际交流的渠道到社会参与的过程，从日常购物的形式到政府互动的平台，都处于持续不断的变化之中。"②著名传媒学者麦克卢汉在其1964年出版的《理解媒介：人的延伸》一书中指出，各种媒体，包括广播、电视、电话、交通工具、电灯、衣物，都是人的延伸。当今时代，媒介的种类更加繁多，在市场营销中贯彻"媒介是人的延伸"的理念，将有助于营销人员掌握新型媒介在市场营销中积极运用，最大限度地开发营销工具。2010年7月，中国政府发布了第一批三网融合试点地区的名单，解开了中国三网融合的序幕。三网融合对企业市场营销和广告投放具有深远的意义，对于开发和拓展

---

①周航，杨殿宇.企业文化营销——21世纪的营销模式.辽宁经济，2010（2）.

②李海容.泛媒时代——媒介创新与未来.广州：暨南大学出版社，2011：2.

营销广告受众是一次巨大的革命。能够同时承载多种类型媒体业务的混媒终端，比如 iPhone、Android、黑莓、诺基亚等为代表的智能手机，以 iPad 为代表的平板电脑等，极大地改变了营销传播环境。混媒终端强调媒体使用的个性化、互动性以及受众的主动性。从传统媒体和营销方式的角度来看，这种强调使得整个营销环境都日益碎片化，重聚和大规模覆盖的成本越来越高，难度越来越大。①在这样的时代，全媒体营销就应当关注和率先进入最先进的电子消费时尚领域，吸纳并形成对受众的优先掌控。医药市场营销不可能完全停留在游戏规则的虚拟空间，但是对于医药品牌知名度和美誉度的提升，泛媒时代必须掌握全媒体营销策略。网络营销当然是一种有效的营销手段，而虚拟空间的注意力垄断能够为实体医药营销创建高效的环境。特别是随着三网融合的四处蔓延，边疆民族地区医药市场营销理应早做准备，促成并积极参与全媒体营销，优享泛媒时代的营销便捷。

6. 个性化营销。体验营销、定制营销、个性化营销是在消费者具有良好的教育背景和日益个性化的价值观念的基础上诞生的新的营销手段和策略。个性化营销在两个方面起作用：一方面，对产品（服务）本身的个性化需求，消费者要求量身定制和独一无二的产品和服务，以彰显其独特的审美情趣、教养、地位、性格和气质，差异化构成了消费者追求的新的时尚。另

---

①李海容．泛媒时代——媒介创新与未来．广州：暨南大学出版社，2011：26.

一方面，虽然消费者在总体上倾向于（或不得不）和大众保持同质化的产品或服务消费，但他们期望在送货、付款、功能和售后服务等方面供货方能满足其特别的需求。传统工业社会将忽视消费群体的需求的差异性，在满足生存需要的物质供给上具有齐一性、模式化的特点。根据单个消费者的特殊需求进行产品的设计开发，制定相应的市场营销组合策略，是新世纪营销个性化的集中体现。现代社会，个性化需求泛滥，DIY 已经不是什么稀奇的事情了，产品（服务）定制成为经常的事情。消费者之间的差异性不再基于对产品（服务）的量的占有不同，而是基于对产品（服务）占有的质的区分。数据库营销作为一种个性化的营销手段在企业获取、保留与发展客户的各个阶段都将成为不可或缺的企业能力与有力工具。数据库营销的核心要素是对客户相关数据的收集、整理、分析，以发展和巩固客户资源。体验营销是丰盛社会的产物。体验式消费正是人们对消费观念的一次重大革新，它在一定程度上确认消费者在营销双边关系中，不再是处于主客关系中的客体，而是主体间性中的主体。"顾客就是上帝"，在体验营销中真正体现出了这种对客户的消费舒适感尊重。实质上，也是对消费者个体感受性差异的尊重，因而体现着个性化营销的理念。边疆民族地区医药市场营销需要遵循个性化营销的基本原则。因为医药产品本身的特殊性使得这种营销手段相比其他领域的营销活动更为重要。第一，药品（含保健品、医疗保健器械）的功效需要患者（顾客）在实际使用过程中感受出来，而个体健康水平差异很大，体质对相应产品和服务的反应有较大差别。当然，对于医药营销而言，个性化营销主要侧重于体验营销和数据库营销。

产品组合和定制与国家医疗准则有较大出入，因而不宜采用。

　　7.关系营销与深度营销。关系营销是把营销活动看成是一个企业与消费者、供应商、分销商、竞争者、政府机构及其他营销伙伴发生互动作用的过程。科特勒说："关系营销需要在合作者中建立强有力的经济、技术和社会关系。"[①]关系营销理念在复杂产品（服务）市场尤其备受青睐。如果说关系营销旨在建立广泛的（横向）核心（营销相关方）战略合作纽带的话，深度营销则试图使这种纽带建立在"必然性"的基础之上，它使企业与顾客在互动（沟通、交流）中获得深入的共识。深度营销挖掘和关注人的隐性需求，对潜在的（或者实在的）具有比较优势的目标市场进行精细化管理。锁定核心客户，培养忠诚客户，使产品（服务）品牌深入人心。可见，深度营销的核心理念在纵向度的"深"字上。关系营销和深度营销理念的共同之处在于领悟到了市场营销实践本身是一个开放的（不断变化、生成之中的）系统，营销关系网络上的每一个纽结都是有效营销宽度和深度的制约点。关系营销与文化营销理念有紧密的关联度，而深度营销则在部分场合意味着个性化营销。在边疆民族医药市场营销领域，患者、患者亲友、媒体、医药监管部门、社会药店（药品营销员）、医院（医护人员）、医药生产和销售企业、大区医药代表等，它们构成一个利益链——出于物质回报或者卫生健康的效应。边疆民族地区特殊的人文

---

　　①（美）菲利普·科特勒，凯文·莱恩·凯勒.营销管理.上海：上海人民出版社，2006：18.

环境使得医药营销活动变得更加复杂，企业要在竞争中确立稳固的客源，就必须跨越文化障碍进行多方沟通，这种难度既表现在营销网络的广度上，亦表现在深度上。

8.连锁经营或直销。前述要素模式，既是宏观营销理念，又可能成为微观营销工具。连锁经营或直销，对于医药（含医疗保健器械）经营来说，这两者都是比较常见的营销形式。连锁经营需要母体店面本身具有可复制的优越性，它本身就是一个成功的营销案例。企业连锁化发展的优势在于，控制单一厂商店面规模，使管理更加有效，同时它化解了巨型商店（工厂）一损俱损的风险。对于边疆民族地区医药营销来说，连锁经营的主要价值不在于此，而在于人口相对稀少、城市化程度相对较低的客观原因。零售终端网络的广覆盖要求营销触角伸入到尽可能多的人口集聚点。边民"花市"、"街日"等定期或者不定期的集市，既是边疆民族地区人们的销售场所，亦是其采购场所，直接"为买而卖"这种传统交易（动机）方式在那里依然占相当大的比重。针对边疆民族地区城乡的不同特点，采取相应措施建立合理密度的营销网点，集中营销资源，提供滚动式综合服务和指导，不断深化关系和加大影响力，从而占有和夺取广阔的终端市场。直销实质上就是通过简化、消灭中间商，来降低产品的流通成本并满足顾客利益最大化需求。直销并不能给销售方带来成本节约，但流通环节的减少，可以有效控制产品的销售价格，从而取得一定程度的市场竞争优势。直销得以成功实施，依赖于公众消费意识的支持和一对一关系的建立与形成，而现场展示与焦点促销的形式是直销能否获得成功的关键。然而，整个医药营销领域，直销成功的关键在于"权威发布"与"功效体验"。这在市场比较混乱的背景下是很难笼络人们的。医药商品（器械）直销倘若没有体验营销和全媒体营销的救护，就会被人认为是江湖游医贩卖狗皮膏药的勾当。

9.国际营销。经济全球化已经不是一个新鲜的词汇了。边疆地区是对外经济交往的门户和窗口，边疆民族地区尤其凸显中华民族文化资源的丰富性。在这样的特定环境下从事医药营销，具有特别的历史担当：一是在对外经济交往中，宣传中华民族传统医药文化；二是树立民族民间中草药国际品牌；三是融洽接壤国与本国人们的关系，防止异质文化产生不必要的冲突；四是合理有效利用地域资源，创造经济增长点；五是展示中华文化丰富性的同时，应该向外展示中华民族的共同性；六是敏锐捕捉外方医药卫生信息，发展、优化我方医疗技术和医药产品；七是加强交流合作，共同研发新产品（服务），开拓新市场。国际营销作为要素模式，讲究的是经济效益与社会效益的双重功效，偏重任一方都会造成损失。国际营销在边疆民族地区医药市场营销这一特定范围内，可以成为外向型企业偏重的着力点，也可以作为一般营销组织的普通要素模式。"企业实施跨国营销，首要面临和解决的一项关键战略问题就是国际营销模式的选择，即标准化与适应性的问题：是针对全球化背景下目标顾客需求的趋同性特征，采取寻求不同国家顾客价值的一致性、追求规模经济以及形象一致性的标准化营销，还是继续采取最大限度关注和满足国家差异的适应性营销决策？"①边疆医药市场营销需要权衡营销目的地文化与母文化的差异程度，同时，对于医药营销而言，我国在传统中医药方面所取得的长足发展，作为中华文化的精粹，完全没有必要为了标准化营销策略而改变产品（服务）的原样。在坚持原汁原味的中医药特色产品（服务）营销推广的同时，适应外国居民人文风俗要求，有针对性地开展营销服务。

国际营销、连锁经营或直销，它们都不是完整要素意义上的营销模式，它们既不是一种独特的营销理念，也不是一种行之有效的营销方案，其本身只是某种（系统的）营销模式的外在形式。营销实践是一个集成系统。全景图揭示的是营销实践本身的综合性、运动性，在普遍联系和永恒发展中才能确立市场营销的真正价值。医药市场营销在"边疆民族地区"如何合理地取舍全景图的构成因子（要素模式），完全取决于营销实践的需要。这里能够清楚表达的，只能是本文所坚持的观点：传统营销研究范式之"模式"，只是"要素"意义上的模式，它构成企业营销模式——从微观来的特定企业针对特定产品（和服务）、目标市场的营销方案——的一些要件。而关系营销和深度营销，说到底，更多的则是营销开发与管理的（贯穿始终的）理念。作为实践的管理科学，本文只能依靠写实性的手段来说明边疆民族地区医药市场营销要素模式整合的具体思路。

---

①张峰，吴晓云.企业国际营销模式选择：标准化或者适应性.软科学，2010（8）.

第四节　边疆民族医药市场营销要素模式整合

边疆民族地区医药市场营销要素模式分解之后，还要进行整合。对营销要素进行分解不是目的，而是为了更好地利用营销要素的重组构建新的营销方案。目标市场千变万化，不同企业和不同地区的营销要素发挥作用的先在机制各不相同，这样，在民族医药市场营销的具体实践中就会面临着重新组合要素，以应对异质化的目标市场。本节主要以云南省德宏州作为营销目的地，同时也是医药品牌源产地。以这样的双重身份来解读要素化营销模式的组合策略是有特殊意义的。其一，能够更为广泛地适应一般性民族医药市场营销的分析框架；其二，能够为特殊性的营销场景缔造一种实战经验；其三，以交融复杂的整合模型来对一般性（简约化）要素组合模式做出示范。

（一）德宏州医药营销环境分析

1.德宏概况。[①]德宏傣族景颇族自治州地处祖国西南边陲，是云南省 8 个少数民族自治州之一。南、西和西北与缅甸联邦接壤，国境线长达 503.8 公里，全州东西最大横距 122 公里，南北最大纵距 170 公里，总面积 11526 平方公里。德宏州首府芒市，陆地距省会昆明 785 公里，空距 427 公里。

（1）经济上，2011 年上半年实现地区生产总值68.83 亿元，按可比价计算比上年同期增长 16.3%。从与全国 30 个少数民族自治州的对比情况来看，绝对量排第 17 位，增速排第 11 位。就市场消费而言，2011 年上半年，德宏州完成社会消费品零售总额 29.53 亿元，同比增长 20.1%，在全国 30 个少数民族自治州中，绝对量排第 16 位，增速排第 8 位。同时，城镇居民收入稳步提高，城镇居民人均可支配收入 7623 元，同比增长10.3%。就医药市场可开发的自然资源来说，国家一级保护植物有秃杉；国家二级保护植物有四数木、董棕滇桐、云南黄莲、香果村、云南石梓、鹅掌楸、铁刀木、大树杜鹃、云南婆罗双、野茶树、云南山茶花、鹿角蕨等；属国家三级保护植物的有顶果木、波罗蜜、盈江龙脑香、瑞丽山龙眼、天料木、滇楠、紫薇、木姜子、厚补、林生芒果、木莲、红椿、铁杉、多果榄仁、苏铁、香樟、云南肉豆蔻、云南七叶树、云南苏铁等。另有国家一类保护动物绿孔雀、孔雀雉、白颊山鹧鸪、红腿小隼、黑颈长尾雉、

---

① 德宏州人们政府公众信息网站 http://www.dh.gov.cn/dhzrmzfgzxxw/396373062203945792/index.html

赤颈鹤、红腹角雉、白尾稍虹雉、冠斑犀鸟、双角犀鸟、蜂猴、叶猴、金丝猴、熊猴、豚尾猴、马来熊、熊狸、黑颈长尾雉、巨蜥、长臂猿、云豹、云猫、金钱豹、孟加拉虎、亚洲象、云南野牛、扭角羚等。有国家二级保护动物草鹗（猴面鹰）、原鸡、缘斑鸠、竹啄木鸟、穿山甲、太阳鸟、岩羊、水獭、水鹿、麝、蟒、眼镜王蛇、秃鹫等，其中兽类 50 余种，爬行动物 30 余种，鸟类近 100 种。据不完全调查，仅盈江县便有脊椎动物 554 种，其中鱼类 56 种，两栖类 22 种，爬行类 34 种，鸟类 356 种，哺乳动物 86 种。其中不少为珍贵药材。

（2）医疗卫生事业发展状况。德宏医疗改革惠民工作取得阶段性成果。近年来，德宏医疗卫生服务体系不断健全，基本医疗保障制度逐步完善，卫生服务能力持续提高，公共卫生服务快速拓展，医药卫生体制改革工作取得阶段性成果。第一，医改资金投入力度加大，2011 年支出 10.8 亿元，与 2009 年相比，增长 151.16%，占当年财政总支出的 11.7%。第二，基层卫生服务体系不断健全。近年来基层医疗卫生服务体系建设资金达 2.75 亿元，基本实现了每县市有 1 所县级医院达标、乡乡有卫生院、村村有卫生室。第三，全民基本医疗保障体系基本建立。至 2011 年底，全州城镇职工医疗保险、城镇居民医疗保险和新型农村合作医疗三项基本医保参保人数达 111.21 万人，城镇职工和居民参保率 93.14%，新农合参合率 98.4%，连续 3 年位居全省第一。第四，国家基本药物制度稳步实施。2011 年 6 月开始向全州推行国家基本药物制度，在所有政府办的乡、村两级医疗机构分别按照 20%、35% 的比例配备和使用基本药物。进一步完善财政补偿，出台了《德宏州基层医疗卫生机构实行基本药物制度补偿暂行办法》，各县市制定出台乡村村医补助政策，补助标准提高到200元（瑞丽300元）。规范基本药物采购管理，严格按照网上集中采购规定，实行全省统一招标采购，统一了药品采购渠道。第五，基本公共卫生服务均等化水平明显提升。全州基本公共卫生服务补助经费由2009年的每人每年15元提高到25元。向全体城乡居民提供了三类11项基本公共卫生和5项重大公共卫生服务，居民健康指标明显提高。[①]

（3）民族与人口情况。2007年德宏州常住人口1177232人，全州共有家庭户301526户，户均规模3.9人，人口密度为每平方公里102.14人。常住人口中，城镇人口359288人，占总人口的30.52%，农村人口817944人，占总人口的69.48%；城镇化率30.5%。全州汉族人口591427人，占总人口的50.24%；少数民族人口585805人，占总人口的49.76%，其中傣族353361人，占少数民族人口60.32%；景颇族135421人，占少数民族人口23.12%；德昂族13868人，占少数民族人口2.37%；阿昌族人口29890人，占少数民族人口5.10%；傈僳族29833人，占少数民族人口5.09%。其中傣族是一个跨境民族，与缅甸的掸（傣）族、老挝的主体民族佬族，泰国的主体民族傣族，印度的阿萨姆邦的阿洪傣都有着渊源关系。傣族几乎全民信仰南传上座部佛教。泼水节（傣历新年）是傣族最富

---

① http://yn.xinhuanet.com/nets/2012-07/12/c_131711625.htm

民族特色的节日。忌讳外人骑马、赶牛、挑担和蓬乱着头发进寨子；进入傣家竹楼，要把鞋脱在门外，而且在屋内走路要轻；不能坐在火塘上方或跨过火塘，不能进入主人内室，不能坐门槛；不能移动火塘上的三脚架，也不能用脚踏火；忌讳在家里吹口哨、剪指甲；不准用衣服当枕头或坐枕头；晒衣服时，上衣要晒在高处，裤子和裙子要晒在低处；进佛寺要脱鞋，忌讳摸小和尚的头、佛像、戈矛、旗幡等一系列佛家圣物；不能随便大声喧哗。傣族人喜食昆虫，如蝉、竹虫、大蜘蛛、田鳖、蚂蚁蛋等。其他各民族都有自己的特色文化。同时，也有自身的医药传统，1983年国家确定傣医药为中国四大民族医药之一，现存傣医药文献有：《嘎牙山哈雅》《药书及病理》《玛弩萨罗》《医书》《药典》等。

（4）气候、地域与季节病、地方病。德宏州地处亚热带地区，四季划分不明显。傣族传统医药理论根据傣族地区这种特殊的气候特点，把一年划分为三个季节，即冷季、热季、雨季。冷季为公历11月至次年2月；热季为公历3月至6月；雨季为公历7月至10月。不同季节有各种不同的疾病发生，而在季节相交的前后一段时间里，各有一些疾病发病率较高。比如在公历2月至3月，是冷季与热季的交季的时期，腹泻、痢疾等病的发病率较高。公历6月至7月，是热季与雨季的交季时期，疟疾的发病率较高。[①] 德宏州艾滋病流行形势严峻，

---

① 中国藏医网 http://www.cnzy.com.cn

境外传染病威胁日益加重，鼠疫、霍乱、疟疾、结核病、狂犬病、登革热、甲流等传染病防控措施落实难度大，巩固和降低传染病发病率、防止重点疾病流行蔓延任务繁重而艰巨。[①]医药市场营销关注地方病和流行病的防治，既是责任营销理念的贯彻落实，也是实现企业盈利的需要。

2. 健康意识与医药市场敏感度（测试）调查。为了深入了解德宏医药市场营销环境，除了上述自然、人文、经济社会的情况摸底之外，还必须对直接消费者群体进行研究。在这里，本文把终端消费者分为两个基本类别：一是医患消费者，二是保健消费者（这种区别尚待进一步研究）。前者是作为患者的消费者，他们的医药（含服务、器械）使用完全或者部分"遵医嘱"，没有或者较少有自主用药意识，当然，个体卫生知识的差异会使患者用药自主性出现明显的差异（简称Ⅰ类消费者）。后者是在没病（或者病情并不明显）的情况下，主动追求医药保健的人群（简称Ⅱ类消费者）。对Ⅰ类消费者和Ⅱ类消费者的具体消费意愿和消费理念的调查，有助于对市场真实情况的全面掌握。调查分四个小组进行，第一小组医院蹲点调查，第二小组社会药店蹲点调查，第三小组城镇社区流动访谈和问卷调查，第四小组入乡村进农户调查。调查目的：了解德宏州居民健康意识（关注度、卫生常识）和医药市场敏感程度。问卷设计：问卷共设7组共计21个问题，每个问题只需

---

①德宏州卫生局文件《德宏州2009年卫生工作总结》［德卫〔2010〕56号］

做肯定或者否定回答。经过为期一周的调查,受访对象1249人,我们发现,德宏州城乡居民医药卫生意识有一定差距,城市(特别是有较高教育程度的)居民比较重视健康状况,较多关注医药市场状况,而农村(特别是年老的)居民则几乎不关注任何医药动态,亦缺乏基本医药卫生常识。(调查表略)

3. 医院医药营销环境调查与探访。医药市场营销除了直接面向 II 类消费者外,还应当把 I 类消费者当作重要的营销对象,然而,调查结果显示,88% 的患者更愿意倾听医生的建议,就算是在社会药店的随机调查对象中,也有 56% 的人乐于接受医生的建议,城市社区和乡村随机调查的结果显示也有 66% 和 71% 的人们对医生的用药建议深信不疑。因此,医药营销不能脱离医生(医院)而达到预期目的。德宏州地处西南边陲,民风淳朴,但同样体制机制不够健全,医院管理,药品(器械)采购渠道不够规范。随着国家医药卫生体制改革进程的加快,德宏州也制定了《新型农村合作医疗州级定点医疗机构月住院次均费用限价管理暂行办法》、《村卫生室基本医疗设备进行招标采购意见》等规章制度,提高全州城乡居民人均基本公共卫生服务经费标准,逐步实现基本公共卫生服务均等化。组织实施 18 个基层医疗卫生机构建设工作。组织实施城市支援农村医疗卫生工作,继续对 22 个乡镇卫生院、1 个县级医院开展对口支援,提高基层卫生机构综合服务能力;建立基层医疗卫生机构补偿机制,积极落实财政补助政策。开展上海市对口扶持医务人员培训工作。目前,医药(器具、用品)采购已经渐入正规化。医生在药品推销方面受到更多的限制。为此,科学、规范、合法的医药市场营销就必须认真分析医院

（医生）实际情况，找准切入点。同时，探访得知，德宏州医务人员普遍感到自身素质亟须提高，对新型医药产品和医疗知识的期望度很高。

（二）德宏州医药营销要素化模式整合

1.要素化模式整合的基本原则。前文已经论述到，市场营销从横向来看是一个相互关系的系统，从纵向来看是一个动态的发展过程。全面营销和深度营销构成医药市场营销的基本理念。同时，医药市场营销很难获得标准化营销策略，从而能够达到放之四海而皆准的目的。只有具体的营销模式（具体的模式总是全面的、系统的，因此称为要素化模式），而没有抽象的、片面化（单一）的营销模式（或者说，这样的营销模式与其说是一种模式，不如说是一种营销模式的要素）。要素化营销模式整合的基本原则就是坚持系统、动态、具体问题具体分析。德宏州医药市场营销要素化模式（系统）的构建，就要坚持从实际出发，实事求是。这里最大的实际就是德宏州的政策、民族、人口、经济概况，消费者的具体情况，以及医院医生的基本情况。

2.环境分析与德宏州医药营销策略（模式建构）的对接。医药市场营销（手段与战略）策划的难点不在于具体操作步骤与流程的设计，而在于前期目标市场营销环境的分析。从德宏州实际情况出发，我们可以产生如下联想式的要素模式整合因子取舍（理论与实际）的对接。

（1）营销理念。①全面营销及其必要性。其一，德宏州民族众多、经济发展程度不一、单一营销模式无法适应文化多元化的州情。其二，远离中心城市，物流、药企、药店、医院、终端消费者之间务必需要有效沟通，以提高运作效率。任何一个环节的失误都会影响整个营销的成功。德宏州边疆民族地区的特殊情况要求医药营销实践要全面综合（理顺）卫生主管部门、药监局、医院、药企、物流、医药代表、医生、客户、患者、公众、媒体、外商等各种关系。②深度营销及其适应性。其一，德宏州少数民族种类较多，属于少数民族自治地区，域内文化冲突发生的几率较高。其二，由于教育水平和医疗保健观念相对落后，产品认知水平较低，有效沟通需要假以时日的不懈努力。其三，民族民间医药相对繁荣，对现代科技和现代产品有可能产生理解障碍。总之，只有联合各种营销环节的力量，组合出动，深入营销末端，挖掘营销契机，创造营销热点，才能漂亮完成营销任务。

（2）要素模式整合。要素模式整合除了熟知上述详情，还需要掂量孰重孰轻，以便有的放矢、重点突出。在医药市场营销策略上均衡使力会使有限的营销能量消耗在价值较小的领域，因而达不到利益最大化。

首先要确定区域营销目的地（含消费者）的主要特点。德宏州的主要特点是"边疆"、"民族"这两个关键词所蕴含的"文化多元化"、"经济相对落后"、"对外交往空间大"这三个主要特征。对应的"文化营销"（要素模式）、"责任营销"（要素模式）和国际营销（要素模式）三者就成为德宏州医药营销的最为鲜明的典型特征和必须深入理解和贯穿始终的营销手段。第一，德宏州少数民族人口有 585805 人，占总人口的 49.76%，其中傣族、景颇族、德昂族、阿昌族、傈僳族是德宏州的主要少数民族,而其中尤其以傣族和景颇族人口最多（合占少数民族总人口的 83.44%）。其中傣族还是一个跨境民族,与缅甸、老挝、泰国、印度的一些民族有着深远的渊源关系。而每一个民族都有自己的民族、宗教禁忌、风俗习惯、医药传统（见上文）,因此,开发民族医药市场必须两方面使力:一方面尽量培养本地营销人员,以减少语言、文化隔阂造成的麻烦,或者对营销人员进行少数民族文化教育,培训合格方能上岗。另一方面要开发民族民间医药资源,充分挖掘少数民族传承至今的优秀医药文明,并尽可能在保留文化原型的基础上进行现代技术改造和加工,培育出民族民间医药品牌。这既可以创造额外利润,又可以融洽民族关系。文化营销显然是边疆民族地区医药市场营销要素组合模式的内核。第二,德宏州经济、文化相对落后,基本医药需求较大,而对奢侈品、保健品的需求较小。由于营养状况相对较差,劳动强度比较大,因此,居民健康水平并不高,基本医疗用药需求量比发达地区更大。同时,因为基本药品（器械）的利润空间较小,很多药企对此并不是满怀热情。在这个方面,社会责任就成了医药市场营销的重要使命。责任营销是现代企业关注社会问题,理性面对社会公众利益和企业利益、眼前利益和长期利益所应有的担当。在边疆民族地区医药市场营销方面,责任营销内在地包括:促进当地经济发展——开发经营当地特色医药资源;提高居民教育文化水平——捐资助学或者（互利的）培养少数民族医药卫生（含营销）人才;兴办其他社会公益事业。责任营销并不是一种毫无回报的付出,它为企业所树立的良好形象将会使企业在其他地区的营销占有更好的口碑（形象）优势。第三,德宏州南、西和西北与缅甸联邦接壤，国境线长达 503.8 公里，是面向南亚、西亚的经济交往窗口，是云南省"走出去"战略的桥头堡。中国医药保健品进出口商会预计，到 2015 年医药产业年出口规模将达到 820 亿美元，年增长率达到 20% 以上。[①]由于中缅边境交往的频繁，出入缅甸等地程序、交通便利，跨国经营成为边疆民族地区医药市场营销的重要手段（要素模式）。特别是，缅甸地区经济社会比较落后，药品、药械、医疗器具严重缺乏。德宏州占有先天的打通缅甸医药市场的有利地位。一旦市场触角深入到缅甸内部，并且获得公众的接受，这里将成为医药市场营销的沃土。而包括傣族在内的德宏一些少数民族，与缅甸某些民族具有亲缘关系（从而可能减少文化冲突和抵制），对于医药市场的开辟，也是得天独厚的优势。

其次，关于德宏州消费者健康意识与医药市场敏感度的（测试）调查具有重要的意义。它直接成为指导我们营销管理分类，建立个性化营销档案的依据。第一调查小组的任务在于了解 I 类消费者的消费愿望，而第二调查小组的任务在于求解 II 类消费者的消费习惯。第三、第四调查小组的任务在于鉴别、区分城乡消费者差异，并探知他们各自的消费诉求。而每一个调查问题的设计，都力求简单、通俗，通过这 7 组共计 21 个问题，可以比较准确地反映出消费者的消费偏好、知识素养、健康意识、市场敏感度等。权衡是否有利于医药市场营销的各

①中国市场调研在线 http://www.cninfo360.com/hyxw/yyhy/20120717/279020.html

个因子的基础上，对调查问卷21个问题进行分类，其中17题是否遵医嘱不构成社会医药营销的制约因子，而对医院医药营销起到决定性的作用。因此，在综合医药（社会）市场营销敏感度测试中，17题记0，其他各项依据百分比加权，其中产生营销负效应的有2、5、6、9、11、14题。结果，第一组（医院蹲点）消费者健康意识与医药市场敏感度为2.65，第二组（社会药店蹲点）消费者健康意识与医药市场敏感度为2.13，第三组（城市社区调查）消费者健康意识与医药市场敏感度为2.69，第四组（乡村走访）消费者健康意识与医药市场敏感度为 –0.29。综合测评结果的指导价值在于确定一般医药市场营销常态下的进展。可见，城市社区居民，远比乡村居民健康意识强烈，用药更加自主。然而，这种结论恰恰不是我们想要得到的。数据显示的，是未成熟市场的份额，如果这样来看的话，综合分值越少，越能说明市场前景的广阔——这是在购买力均衡假设的基础上得出的结论。在德宏这样经济比较落后的地区，这一数据亦难以准确反映农村潜在市场的大小，除非医药卫生体制改革进一步深化以后，农村基本医疗得到了更多的保障，医疗公共品渐趋均等化。

消费者健康意识与医药市场敏感度的（测试）调查结果的研究价值在于：一是确定细分市场上对某种药物（器械供给）的需求度，以及主要营销公关对象的确立。比如对是否"主要遵医嘱（17题）"和"保健品是否有益健康（19题）"的调查结果综合起来可以看出，乡村居民和病人（及其亲友）更多的需要基本医药服务项目，确保基本健康，然而同时他们对于保健品的作用更为相信。相反，城市居民和进入社会药店购买药品的人似乎更有用药主见，他们较少相信电视医药广告，等等。消费者健康意识与医药市场敏感度的（测试）调查结果的每一个项目都可以为德宏医药市场营销策略的确立提供相关有效信息，以便做到有的放矢，节约营销成本，获取更大利润。

在此，根据调查结果的综合考量，四个调查小组的调查对象可以当作四种基本营销对象类型。第一类（组）消费者医药常识、健康关注度较高，对保健品市场亦较为关注，对高品质、疗效好的药品、器械非常渴望。然而，病者主要通过医院来进行治疗康复，对各种医药信息同样较少排斥。总体而言是非理性急切型消费者。因而医院（医生）营销是这类消费者获取的主要途径，对掌握处方权和建议便利条件的医生来说，在这类消费者购买行动中期最关键的促成作用。因此，对医生（医院）的产品知识普及非常必要。第二类（组）消费者很大一部分都是主动寻求医疗保健的顾客，他们有一定的医疗卫生知识，对医生、专家的健康建议非常重视，关注生命质量，较大部分药店顾客拥有一定的购买能力。有目的的消费者和漫游型（进入药店寻求某种理想药品/保健品的顾客）消费者各占一定比重，特别是漫游型消费者，消费空间伸缩性很大，有理想药品/保健品，并且价格合理（不一定最便宜，具有象征性、标志性的价格更为妥当），他们将会成为购买力强大的消费群。此类消费者总体而言可以称之为理性急切型消费者。第三类（组）消费者因为群体的复杂结构，并未形成单一消费类型，但是，就其与乡村消费者而言，具有更多的医药卫生知识、医疗保健（自主）意识，以及更强的消费能力，可以称之为普通成熟消费者。第四类（组）消费者医药卫生政策、医疗卫生知识匮乏，对养生保健并不关注或者没有能力（精力）关注，他们主要依赖医生指导用药并在得病以后才进行医疗卫生消费。此类消费者可以称之为弱力消费者（弱力：既是指消费辨认能力，又指购买力）。

非理性急切型消费者适宜于应急（激）营销要素模式的运用。它随地区季节变化而出现不同疾病高峰。应急（激）营销要素模式在流行病、季节病、地方病、非常见病出现时，运营得当的话，可以取到"人无我有，人有我优"的效果，迅速占领市场，为部分药物的定向供应打下基础。[①]另外，个性化营销针对这类消费者提供基于购买力、心理需求、病情的营销方案，使病人对某类医药服务寄予更高期望，并产生某种品牌依赖。当然，因为此类消费者一般遵医嘱的比例很高，文化营销要素模式中的产品知识营销成为面向医院的重要手段，也是在医疗实践中养成医生用药惯性的重要策略。路径依赖一旦形成，则市场稳固无虞了。

理性急切性消费者由于其主动性较高，深度营销的侧重点在于情感营销、知识营销和全媒体营销。其中，漫游型消费者是医药营销的主要攻关对象。漫游型消费者很大一部分有某种慢性病的缠绕。而慢性病在我国是高发病，生产疾病预防控制局副局长孔灵芝 2012 年 7 月 9 日说："中国目前确诊的慢性

---

①卫生部副部长尹力 2012 年 7 月 3 日表示，今年将制定并公布 2012 版国家基本药物目录，扩大药品报销范畴。针对一些用量较少但确实需要的药物，国家将试点通过招标进行定点生产。

病患者已超过 2.6 亿人，因慢性病死亡占中国居民总死亡的构成已上升至 85%。当前中国已经进入慢性病的高负担期，具有'患病人数多、医疗成本高、患病时间长、服务需求大'的特点，慢性病在疾病负担中所占比重达到了 70%。慢性病已经成为影响我国居民健康水平提高、阻碍经济社会发展的重大公共卫生问题和社会问题。"[1]漫游型消费者（较大部分）兼有慢性病的实际情况，是有针对性地开发医药新产品和进行定制营销的重要契机。另一部分漫游型消费者兼有时尚消费特征，他们本身并没有疾病，只是出于某种时尚追求，以获取更多的保健资源。这类消费者的购买力最强，而购买机动性也最大，他们追求的是养生、保健的理念和代表身份特征的符号价值。个性营销要素模式和风尚营销要素模式以及全媒体营销的渲染非常重要，这类消费者青睐的是保健品、健身器械以及养生服务。

普通成熟型消费者兼有理性消费和非理性消费的可能，根据各自的身体健康水平不同而出现较大差异。全媒体营销应该慎重利用，但"免费"和公益参与等责任营销可以挖掘、甄别出其中的高购买力消费者，并通过体验营销的要素模式赢得其对产品/服务的认同。这种类型的消费者，公关难度较大，然而一旦获取，就是忠诚度较高的常客。弱力消费者则有接近相反的表现，他们中很大一部分人对医药广告深信不疑，全媒体（特别是传统媒介）的宣传容易达到预期效果，但是其本身购

---

[1]中国市场调研在线 http://www.cninfo360.com/hyxw/yyhy/20120709/278640.html

买力不强，医药保健支出在整个收入所占的比例不高，特别是对高端消费品的需求极少，利润空间不大，通过一定的知识营销手段和体验营销等可以短时获得顾客群，但忠诚度不高。然而，通过对弱力消费者的"免费"、"低价促销"、"义诊义卖"等活动，能够提高企业/品牌的社会形象和人气。

最后，本地医药资源资源的市场开发与利用。德宏州动植物种类繁多（见德宏概况），其中不少为极具药用价值的独特资源，同时民族民间医药文化传承久远。医药市场营销除了推广现有产品和服务之外，还应当为新产品开发提供市场辅助调研（此处从略）。

（四）前景展望

边疆民族地区医药市场营销应该坚持要素化模式组合的营销策略，在动态系统中全面掌握营销环节的因承关联，挖掘营销制胜之机。"边疆"的特点在于其外向性经济发展空间广阔，同时，特别是西南边疆等地，经济文化相对落后，然而，少数民族大杂居、小聚居的格局导致域内多种文化资源长期共存。民族民间医药资源丰富，且大多处于原生态状态，需要用现代科学技术加以整理挖掘，用现代营销手段加以推广利用。仅滇西地区而言，就有傣医药、藏医药、景颇医药、白族医药、傈僳医药、德昂医药、阿昌医药等传统医药文化瑰宝。开发利用民族民间医药资源的任务十分严重，利润空间十分广阔，社会价值十分重大。

同时，边疆少数民族地区经常具有暗含"贫穷"、"落后"、"待开发"等意义。对于医药市场营销而言，在正趋规范化、市场结构尚不完善、医药流通环节尚未放开、居民医药健康素养相对较低、基本医药需求较大而保健用品需求较少的情况下，要素化模式营销组合策略需要针对不同的群体（甚至不同的营销产品，比如延缓衰老的产品、美容养颜产品）分别制订不同的营销计划。在目标市场情况准确掌握的基础上，我们就能确定无误地拓展市场，开发潜在市场，巩固成熟市场。

德宏州的具体营销环境分析以及粗线条的营销策划理念与思路的写实性说明，旨在揭示一种营销学的新思路，"没有模式"的"模式"才是可靠的。"没有模式"指的是营销无定法，"模式"指的是基于要素化模式组合意义上的特称模式。作为一种放之四海而皆准的、可以简单复制的"模式"则是不存在的。随着国民经济的持续发展，人们健康意识的不断加强，少数民族地区和边疆地区在对外开放和扶贫开发中会逐渐缩小同中东部地区的差距。经济、文化、社会习俗的民族融合与持续进步，边疆少数民族地区的医药市场营销环境也将变得更富商机。进军（开发、开拓）边疆民族地区医药市场，既是企业追求利润最大化的战略举措，也是"儒商"的传统伦理精神追求社会效应，履行社会义务、体现社会担当的重要表现。

第五节　民族医药市场第三终端营销策略研究

　　终端市场根据语境的不同可以分为消费终端和购买终端。消费终端指的是产品的最终消费者，又称产品终端；而购买终端指的是产品的最终购买者，亦即渠道终端。就最一般的意义而言，终端市场指的是渠道终端。第三终端滇西民族医药第三终端市场是一个纯原生态、相对落后、极具发展空间的市场。与其他市场的消费者相比，这个市场的消费者具有价格敏感度高、品牌敏感度低、购买诱导性强、品牌忠诚度高等特征。无论是从宏观营销环境来看还是从微观营销环境来看，深入开拓滇西民族医药第三终端市场具有良好的机遇和利润空间。

　　营销策略是企业营销战略与战术的有机结合，是企业在实战中取得竞争优势的有力支持。一个企业能否健康地生存与发展，营销策略的选择起着至关重要的作用。在企业营销实战中，如何保持自己的市场地位，如何守住自己的市场份额或者使自己的市场份额有所增加，营销策略的选择决定了企业在市场中所扮演的角色。医药市场第三终端主要是指广大农村和一些城镇的居民小区，如社区和农村的个体诊所、企业和学校的医疗保健室、乡村医生的小药箱、农村供销合作社及个体商店中的常用药品销售专柜等。即除医院、药店之外的，直接面向消费者开展医药保健品销售的所有零售终端。滇西民族医药市场第三终端是一个尚待开发的市场，随着我国经济体制改革对医药市场第三终端的不断支持、加强，以及不断地完善，滇西民族医药第三终端市场出现了新的转机，形成了一个具有一定购买力、未来极具发展潜力的市场。制定滇西民族医药第三终端市场的营销策略，提供满足消费者需求的医药产品与服务，开拓滇西民族医药第三终端市场，无论对于医药企业还是对于第三终端的消费者来说都具有十分重要意义。

（一）第三终端市场消费者特征

1.消费者特征。滇西民族医药市场第三终端是一个纯原生态、相对落后、极具发展空间的市场，与其他市场的消费者相比，这个市场的消费者具有如下几个特征：

（1）价格敏感度高。在经济学理论中，价格敏感度即价格弹性，表示为顾客需求弹性函数，指在一定时期内一种商品的需求量变动对于该商品的价格变动的反应程度。即由于价格的变动所引起的产品需求量的变化。如果需求量的变动率大于价格的变动率，即需求量对于价格变动的反应是比较敏感的，被称为富有弹性，即敏感度高；反之，则为缺乏弹性或单一弹性，敏感度低。滇西民族医药市场第三终端，是一个经济发展极不平衡的市场，这里所说的价格敏感度高主要是针对存在竞争性的区域而言。经济的落后，导致消费者用于个人医疗的消费支出明显偏低，甚至为零。这就致使消费者对医药产品的价格敏感度偏高。在消费者有选择购买不同医药产品的机会时，同种疗效的医药产品，消费者更偏好于购买价格便宜的产品，（因为常识的缺乏或者经济的考虑）而不会考虑副作用等其他方面的影响。

（2）品牌敏感度低。在这部分消费者的心中，疗效明显的就是最好的"品牌"。因为品牌附加值往往造成品牌产品价格倚高，而滇西民族地区经济相对落后，消费者购买力有限，因此对于品牌医药产品缺少必要的体验和认知。当然，这并不否认消费者对品牌产品（在他们看来的高价位医药产品）的认可，只是在购买力限制的情况下，滇西民族医药市场第三终端的消费者不太在意是否是名牌产品，甚至对生产企业和产地等也毫不关心，因为消费者只买疗效显著并且价格实惠的医药产品。

（3）购买诱导性强。从消费需求来看，消费者基本上都是有病求医，甚至是病情比较严重了才去求医，很少有"治未病"的消费者。而且消费者缺乏基本的医药卫生常识，对多发病、常见病的发病原因及病理缺乏了解与分析，对药物使用方法及病理药理知识知之甚少。对于这类有病投医的消费者如果营销人员或者医务工作者能根据消费者的疾病需求推荐相关医药产品，且疗效显著，消费者一般都会接受营销人员或者医务工作者的提议，从而购买该医药产品。

（4）品牌忠诚度高。在这个市场中，消费者对品牌的忠诚度主要源于对疗效的认可度。一旦消费者认可了某个品牌或者产品，以后遇到同样的病症，他们绝不会购买其他牌子或者品牌的产品，而且他们还会给该医药产品作宣传，口碑效应十分显著。从这个层面来说，好疗效等于好品牌，好品牌就是好疗效。疗效好，医药产品的品牌就自然记在消费者的头脑中了，而且消费需求很难转移。滇西民族地区淳朴的民风强化着口碑营销的效果，其他替代产品要想进入该市场，就要为此付出巨大的消费转移成本。

（5）保健意识不足。对于一个恩格尔系数偏高的市场，消费者需要满足的是最低层次的需求。对医药产品的需求通常是有病求医，养生保健意识不强。因此，对于保健养生的时尚消费、符号消费等基本上是一块空白。超额利润的项目和产品在滇西民族医药市场第三终端的生存发展空间非常狭隘——它只能在政府政策和较大的经济社会体制改革取得成功，居民生活水平和教育卫生状况得到极大改善的情况下，才有可能成为保健品和养生（美容、保健）服务市场的潜在市场。

2. 未来消费需求预测。滇西民族医药市场第三终端随着医药企业对这个市场的关注度的加强以及消费者文化素养、经济能力等的提升，这个市场将会由现在的"蓝海"变成将来的"红海"，在市场的诱导下，消费者的消费需求将会呈现如下的发展特点：

（1）医药产品需求的发展性。医药企业对滇西民族医药市场第三终端的培育以及社会经济文化的发展、人民生活水平的提高，对医药产品的需求从数量和质量上在增加和提高。医药产品从纵向来看具有一定的发展性：①普药的需求比重逐渐下降。就整个滇西民族医药市场第三终端而言，普药的需求量占整个医药产品的需求量比重将有所下降，但普药需求量的绝对数量仍然在不断上升。②保健品的需求与日俱增。伴随着经济的发展、生活质量的提高，消费者对医药产品的需求将不仅限于疾病的治疗，更多的是对疾病的预防以及自身对美的追求上，保健品的需求成为消费者对生活的基本需求。针对滇西民族医药市场第三终端的发展性特点，医药企业应该认真进行市场预测，不断开发适销对路的新产品，使医药企业的战略发展与消费者需求的发展相互促进。

（2）医药产品需求的差异性。消费者对医药产品的需求主要是源于对疾病的预防或者治疗。然而，随着这个市场消费者成熟度的不断提升以及该市场对消费者的不断培育，消费者对医药产品的需求出现了选择与需求诉求点的差异性。针对普药而言，消费者更加关注药品的安全性。例如，消费者（假设这个消费者是为自己不满三岁的小孩买药）在购买感冒药时，在关注疗效的前提下，可能更多的会关注药品的成分，比如是中药还是西药，对小孩的神经及成长有没有影响等。针对医疗器械和保健品而言，消费者购买的目的导致了需求诉求点的多样性。为自身保健而购买的消费者更关注产品的疗效、实惠；为送礼而购买的消费者更关注产品的包装及价格；等等。需求的差异性指向的是营销策略的差异性。因此，医药企业要针对市场的发育程度采取相应的营销策略，以便更好地满足消费者的需求。

（二）第三终端营销环境透视

营销环境是企业制定营销策略的土壤。只有认真分析现实营销环境才能制定出有利企业长远发展的营销策略。就营销环境而言，这里主要从宏观和微观两个层面来进行分析。

1. 宏观环境。宏观环境引领着企业的发展方向，约束着企业的营销行为，为企业的发展提供机会与挑战。从整个宏观营销环境来说，滇西民族医药市场第三终端存在如下的市场优势：（1）国家对滇西或者说整个云南地区的政策支持，为医药企业进驻该市场提供了政策保障。（2）两网建设（即农村药品监督网络和供应网络）对医药企业在滇西民族医药第三终端市场的发展提供了契机。（3）新农合政策在解决老百姓"用药贵、用药难"问题的同时，也为医药企业创设了需求，使第三终端的购买力在逐渐增强。（4）社区卫生建设作为为广大社区居民公共卫生事业提供优质卫生服务的项目，目前已在滇西民族医药市场第三终端大规模地启动，这为医药企业即将进行的知识营销节省了资源，也为医药企业细分市场、把握消费者需求提供了便利。

2. 微观环境。滇西地处云南西部，中药资源丰富，在高黎贡山自然保护区这块面积仅 12 万公顷的土地上，已有记载的高等植物 4600 多种，其种类占全国高等植物种类的 17%。有500 多种高等植物为高黎贡山地区的特有种和珍稀种，70 多种高等植物为国家级和省级珍稀保护植物，其中不少具有极高的药用价值。整个滇西民族地区可以说就是一座中药材大宝藏。民间医药在这里十分流行。同时，滇西民族医药市场第三终端具有经济落后与科学技术渗透性低的特征。文化的落后与经济的不发达相随，民族村落还保守着过去古老的市场形态。古老的民族村落市场期待着现代化的经营。纵观整个滇西民族医药市场第三终端，其市场具有如下特点：（1）市场发育程度低，购买力不强；（2）医药产品以中低价位为主；（3）药品采购量小，种类多，采购频率高。因此，在营销策略的选择方面采取低价渗入比较容易，医药企业在市场开发方面可以先采用低价策略来培育市场。

（三）第三终端营销策略

市场的成熟度以及消费者特征决定了我们对滇西民族医药第三终端市场营销策略的选择：

1. 针对消费者以服务营销方式为主。（服务营销是企业在充分认识满足消费者需求的前提下，为充分满足消费者需要在营销过程中所采取的一系列活动。服务作为一种营销组合要素，真正引起人们重视的是 20 世纪 80 年代后期，这时期，由于科学技术的进步和社会生产力的显著提高，产业升级和生产的专业化发展日益加速，一方面使产品的服务含量，即产品的服务密集度日益增大。另一方面，随着劳动生产率的提高，市场转向买方市场，消费者随着收入水平提高，他们的消费需求也逐渐发生变化，需求层次也相应提高，并向多样化方向拓展。）消费者对医药产品的需求主要是基于对健康的追求。从购买者身份来看，消费者可能是病人或病人的家属、亲戚、朋友等。同时，大部分的消费者对医药产品的药理药性知识知之甚少，对疾病存在恐惧心理。而且针对滇西民族医药市场第三终端，消费者购买医药产品的过程也是看病治疗的过程，即买药看病存在共时性。对此，采用服务营销策略，给消费者提供一个温馨的购买环境，可以减轻消费者的精神压力，更有助于消费者的康复。同时，优质的服务，可以增强消费者对医药产品质量的信任及对营销人员、医务工作者工作能力的认可。通过服务体现的医药产品的综合质量可以让消费者从心理上感受到"药到病除"的真实效果。然而，优质的服务，对医药企业来说，看似不难，但要做到持之以恒却不是件容易的事情。

2. 针对营销及管理人员、医务工作者以学术营销方式为主。所谓"学术营销"，其实就是企业（或相关人员）以药品的临床价值为核心，本着科学与严谨的态度，提炼出产品的治疗方案与特点，通过多种方式与目标受众进行科学诚实的沟通（以医生为主），实现客户价值的增值（通过优化治疗方案），从而实现患者利益最大化。这也就是说，学术营销的真正含义是企业的销售人员必须用科学的营销态度，就专业的学术问题跟医生进行诚实沟通。这种沟通的目的，是要通过增加医生的医药治疗知识以及提供优化的治疗方案，让患者得到经济、高效、安全的治疗。针对一块尚待开发或开发还不够彻底的市场，学术营销永远是必需的。时代在不断地进步，科技的发展日新月异，由于医药经营企业在人员的引进上具有很强的本土性，而整个滇西民族地区的总体文化素质水平还停留在较低的水平上。拿保山市来说，市区药房的员工只有 10.7% 具有医药专业背景。滇西民族医药市场第三终端的从业人员的情况与这相比就更糟糕了。针对医药市场人员及医务工作者在专业背景知识方面的缺乏，采用学术营销可以弥补他们在知识方面的缺乏。其主要的方式可以为讲座、视频学习、学术会议、专题报告会、学术发布会、论坛、专题征文、项目发布与招标等。

3. 针对大众以知识营销方式为主。（知识营销指的是向大众传播新的科学技术以及它们对人们生活的影响，通过科普宣传，让消费者不仅知其然，而且知其所以然，重新建立新的产品概念，进而使消费者萌发对新产品的需要，达到拓宽市场的目的。知识营销需要一定的信息传播途径，否则就成为空洞的概念。随着知识经济时代的到来，知识成为发展经济的资本，知识的积累和创新，成为促进经济增长的主要动力源，因此，作为一个企业，在搞科研开发的同时，就要想到知识的推广，使一项新产品研制成功的市场风险降到最小，而要做到这一点，就必须运作知识营销。）大众文化知识水平与地方经济发展成正相关。大众文化知识层次越高的区域，其经济的发展越快；而大众文化知识层次较低的区域，其经济发展缓慢。所以，要激发消费者的需求欲望，就要对预期市场进行培植。通过知识营销的方式提高大众的总体医药知识水平，使消费者对基本的医药知识有所了解，对自己或周围人群简单的疾病进行判断，并认识到疾病对身体所带来的隐患，及时用药，从而达到提高全民医药素养的目的。

民族医药市场营销不但要熟练运用各种营销组合技术，针对不同的目标市场变换营销策略，也要勇于开拓进取，在不违背民族医药生产经营的宏旨大义与基本规律的前提下，也要实时开拓新的市场。前文已经论述了过度营销的危害，但是，过于消极地进行懒人营销也是不适宜的。尽管人们更多地会根据自己的身体健康状况和对健康卫生知识的了解而决定自己的医药消费行为，但是，纵便消费者完全掌握这医药消费市场的主动权，本书特别指出的"被动营销"并非指称消极营销，而是积极的被动营销。也就是说，在开拓新市场和稳固旧市场的时候，都要积极呈献给人们的信息检索机构（媒介），以便在消费者需要获得相关知识和信息服务的时候能够及时提供，从而为信息使用者的"消费转化"起到决定性的影响。信息消费者转化为民族医药产品的终端客户。这就是被动营销的重要价值所在，而这时基于新媒体时代人们信息获取的主动性和信息发布平台的开放性所决定的。

第四章　医药文化与品牌生成

　　关于品牌的陈词真是五花八门，但有一种说法可能是迄今为止最为浪漫的。这种说法源自一位日本品牌专家，他说："品牌就是发现梦想。"我们也可以这样表达：品牌就是产品价值的延伸，或者说就是消费者价值的延伸，我们都不认为它是错误的。品牌是随着时代的进步而获得它的全面性的。在早期商品经济时代，品牌就是一个商品的标签、符号，就是此商品区别于其他商品的标志性符号系统，而这种说法至今都被广泛认同。不过，随着时代的变迁，人们对待商品品牌的认识显然有了一个质的变化，无论是从品牌的重要性还是品牌的实质内涵，消费者对品牌的认识已经有了翻天覆地的变化。这个变化不容小觑的地方在于它直接影响到当今经济发展的方向性策略和商品的营销问题。

　　医药产品自然也有其产品品牌化的过程。这个过程与经济现实的发展状况是相一致的。当人们处于匮乏社会的时候，品牌是可以忽略不计的，只有当人们进入到经济过剩时代，品牌才成为至关重要的经济资源，成为一个企业生死存亡的文化资本。不过医药市场的情况稍有不同的地方在于：人们不会过分追求医药产品的品牌价值而完全忽视它的实际功效，尽管目前的某些产品的确完全依靠广告在支撑它的生存，并且也取得了不小的经济利润。但是，这种建立在虚无缥缈的广告浮夸之上的保健品不会取得长久的地位。甚至，说得比较严重点，这种产品的存在是挖医药市场的墙角。众所周知的这些不需点名大家就心知肚明的产品实际上已经告诫人们，在医药市场营销中想要长久生存，仅凭蒙骗虚夸是不可能的。民族医药产品的生存发展更加离不开自身品质的不断提升，没有什么比"有效"更令消费者信服了，也没有什么更好的营销手段能够超过消费者的"经验之谈"。传统民族医药实际上在医药市场营销这个长盛不衰的行业中有着至关重要的作用，也有着无可取代的文化优势。只有充分挖掘和利用民族医药的文化影响力才能使医药营销变得顺畅、得势。

民族医药品牌的生成说到底是民族医药文化的凝聚和再造。民族医药文化的凝聚指的是民族医药文化在新的产品中得到凝结和承载，或者说是民族医药品牌传承了一定的文化资源，并将其发扬光大。民族医药文化的再造是对部分可能形式上带有迷信色彩的东西祛除干净而使这种文化获得新的形态。民族医药文化的聚合与重建是民族医药品牌建设的重要通途，断除了文化根基的民族医药注定是难以为继的。本章在论述民族医药文化与品牌生成的过程中，主要涉及如下几个方面：其一是传统医药文化的附魅、祛魅与返魅，讲的是传统医药文化在当代的遭遇，存在着需要理性祛魅的持久着力。然而，一定程度的迷魅也是民族医药品牌异质性的根据，完全将民族医药呈现为一种科学成分的组合，民族医药市场就失去了任何竞争优势和品牌神圣性。其二是民族文化与民族医药品牌形象定位，品牌定位准确是民族医药市场营销的制胜法宝，每一企业和每一产品的定位各不相同，它的内外因需要在品牌战略拟定的时候予以全面照顾。其三是民族医药品牌包装设计的文化考量，民族医药品牌是一个大品牌，前文已经对大品牌战略有过论述，那么它的一枝一叶都关乎品牌生存和发展。在此基础上，本章对云南腾越文化对滇西民族医药品牌的影响做一个简要的分析，以此为例进行了品牌个性建立的文化因素。最后是符号学视角的民族医药品牌定位，表面上看是试图阐述一种消费主义的品牌文化路径，然而，本书并不赞成消费主义的主张，从而更多的是要阐明符号学在人的心理认知和文化认同上的重要作用，从符号学的角度来解读品牌文化的建构问题，实际上是对人的身心的全面关怀，是真正人本经济学的体现。

第一节　民族文化与民族医药品牌形象定位

　　民族医药品牌定位要树立在民族文化的深厚土壤之中，离开民族文化的背景和支撑，民族医药品牌的影响力就会大受损害。文化因子是文化系统中的构成细胞，它受到一定的经济社会条件的制约，并在新的社会环境中具有重新组合和变异的潜在能力。从而，传统文化在一定社会历史时期总是表现出一些阶段性的特点。传统医药文化与民族文化是不可分的，民族医药文化是传统文化中的重要组成部分。那么，在整个中华文化圈中，又如何树立起独特的企业文化来彰显特定民族医药产品的个性呢？民族医药品牌的培育离不开个性化，而整个中华文明圈的传统文化具有一定的共性。这种质问是非常必要的，这也是我国很多民族医药企业没有特色，或者品牌特色不明显的根源。从医药市场营销的角度来看，所谓的民族医药品牌特色，并非指它与现代生物医药、医药化工之间的重要区别，因为这种区别是显而易见的，大而括之的。民族医药品牌特色应该持有自身的独有资源和独特文化根基。独有资源可能是医药原材料和配方、炮制方法等，而独特的文化根基则是上述之文化基因中与地方特色和企业文化最为契合的支点。二者必居其一才有特色可言。

民族医药品牌建设首先必须有正确品牌定位，而品牌定位应当建立在实事求是的基础之上，通过闭门造车、苦思冥想是不可能到达品牌定位的科学性的。在此，以滇西民族医药品牌形象定位策略作为特例来进行论述，以资对民族医药品牌培育与地域文化特色相结合的合理路径之借鉴。滇西民族医药品牌建设需要有科学、合理的定位，产品功效、品牌联想、价值延伸、品牌情感等，无疑是品牌定位的重要考量因素，在构建民族医药品牌的过程中，只要遵循差异化原则，使消费需求与产品价值趋于一致，那么，民族医药品牌建设就有可能取得预期的效果。当然，品牌建构的路径还得遵循医药产品的市场规律和消费者的心理认同。

民族医药品牌形象包括基于民族医药产品自身的特性、名称、包装（包括医药产品的包装、功效说明、使用说明书等）、营销手段、营销渠道等。滇西民族医药，因其悠久的医药文化传承及历史沉淀，以及得天独厚的原始医药资源（高黎贡山医药资源、民间医药资源等），对滇西民族医药品牌的建立提供了坚实的物质基础。然而，在消费者文化素质日益提高、用药需求越来越倾向于中成药的大背景下，滇西民族医药却并没有因其独特的地域优势及历史机遇呈现欣欣向荣，相反，滇西民族医药品牌在消费者的心目中仍维持着性价比不高、品质低劣、疗效差等产品形象。那么，如何提升滇西民族医药品牌形象，让滇西民族医药品牌以独特的形象"走出去"，这对民族医药企业的管理者和研究者来说，是一个值得深入研究和思考的问题。

（一）定位民族医药品牌形象的考量因素

1.产品功效医药产品功效是引起消费者购买的内在驱动力。医药产品不同于它类产品，消费者购买该产品主要是基于对疾病或未病的一种治疗或者预防，因此对于产品功效具有一种潜在的迫切治好需求与期待。消费者在健康的状态下或者无健康意识的情况下是没有需求的，只有当消费者处于某种疾病的困扰或对某些疾病拥有防范意识时，才会对相应的医药产品产生需求。比如：消费者购买白加黑感冒药，其购买的目的主要是基于对现有感冒病症的一种治疗。购买感冒疫苗，主要是基于对未来感冒的一种防范，避免因患流感而引起不舒适及医疗费用。因此，对于消费者来说，产品功效是引起消费者购买的唯一理由。美国的萨伯罗托·森古普塔教授认为，成功的产品通常只注重一种或最多两种功效，围绕着这些特殊的优点使品牌产生一种鹤立鸡群的效果，这样我们就有可能根据未被占领的功效领地使我们的产品与其相似的产品区分开来。他还认为：总有一群消费者的心理大致相同，他们总是追求同样的产品功效，另外的消费者则总是绕着其他的产品功效结集成群。这就使得区分在产品市场上成为可能，这被称为"功效分割"。[①]对医药产品而言，基于产品功效而出现的好疗效是民族医药品牌树

---

①（美）萨伯罗托·森古普塔.品牌定位：如何提高品牌竞争力.北京：中国长安出版社，2009：71.

立自己良好形象的一个核心因素。

2.品牌联想医药品牌联想是指消费者看到或者听到某一医药品牌时,在头脑中所呈现的对该医药品牌的想法、感觉、知觉、形象、评价、信任、态度等,映射出消费者对该医药品牌的认知。医药产品在消费者头脑中所呈现的品牌形象,直接影响消费者对该医药产品的购买决策。因此,医药品牌管理者应该通过一定的营销手段强化医药产品在消费者头脑中的品牌形象。这些强化手段或者说引发品牌联想方法主要有:(1)讲述医药品牌故事。好的医药品牌故事是医药品牌在发展过程中通过提炼、升华的一些优秀事件,它清楚,明了,容易记忆,同时又能引起消费者共鸣或者产生信任感。(2)借助医药品牌代言人。医药品牌代言人所代表的是医药品牌的形象。医药企业高价聘请品牌代言人主要是基于消费者对名人明星的敬仰、崇拜,可以通过名人明星达到对医药品牌产品的选择,从而逐渐建立消费者对医药品牌产品的认同与联系。(3)建立医药品牌感动。优秀的医药品牌在给消费者及家人带走疾病与痛苦的同时,也传递着人间的美好真情。

3.品牌承诺一个品牌基本上就是一个营销者做出承诺以交付可预测的产品或者服务性能。品牌承诺是营销者们知道什么产品更适合消费者的一种眼光。[①]消费者购买一个医药产品的同时也是在购买医药企业对消费者给予的一种承诺。一个医药

---

①(美)菲利普·科特勒,凯文·莱恩·凯勒.营销管理.上海:上海人民出版社,2006:308.

品牌向消费者的承诺，映射出一个医药企业的经营理念。广告用语往往被作为企业表达承诺的载体。因此，透过一个医药品牌的广告用语的变化过程消费者可以看到其承诺的逐渐改变与完善。一个医药企业的品牌承诺应该以医药产品的核心产品（指医药产品给消费者提供的产品基本效用和利益）和延伸产品（指整体产品提供给顾客的一系列附加利益）为基础，因此，一个医药企业的品牌承诺一定要现实并能直接体现医药品牌所能给予的承诺。这样才能提高消费者的满意度，使医药品牌从知名度逐渐过渡到美誉度和忠诚度。

4. 价值延伸顾客价值体系认为，一个产品包含五个层次：核心利益、基础产品、期望产品、附加产品以及潜在产品。核心利益是顾客真正购买的基本服务或利益，基础产品即产品的基本形式，期望产品指购买者购买产品时通常希望和默认的一组属性和条件，附加产品即包括增加的服务和利益，潜在产品指该产品最终可能会实现的全部附加部分和将来会转换的部分。针对滇西民族医药市场的成熟程度及消费者的特点，价值延伸主要是基于顾客价值体系中的附加产品。采用差异化的价值延伸能带来顾客的满意度，树立企业医药品牌的良好形象。当然，价值延伸要重视购买者的整体消费系统。

5. 品牌情感正如马克·戈贝在《情感品牌》中所说："在所有品牌之间创造出最重要也最本质的差异的，只有情感的接触和碰撞……建立一种恰如其分的情感乃是你对一个品牌能够做的重要的投资。它是你对消费者所做的承诺，允诺他们领略这个品牌的世界所拥有的美妙之处。"可见，品牌情感是品牌维系自身与消费者关系的战略手段，品牌情感在获得消费者忠诚的同时，也为自己赢得了品牌价值。医药品牌是一个复合体，消费者对医药品牌的定位不仅依赖于医药产品的实际功效，还依赖于医药产品的非功能性因素——品牌情感的影响。对于滇西这个还不太成熟的民族医药市场而言，医药产品需要借助情感交流进入人们的生活，并通过刺激消费者意识中的情感联结，对消费者进行诱导，使之与医药品牌有机融合在一起，并逐渐与消费者保持一种长远、持久的联系。

（二）民族医药品牌形象定位策略

1. 原则

（1）差异化原则。品牌的差异化是通过产品的差异点来凸显的。差异点是消费者能强烈地联想起与一个品牌相关的属性或者利益，并且相信不能从其他竞争性的品牌中发现这些属性或利益。从消费者的观点看，如果品牌整合与竞争者的差异点相比，强于其竞争对手，并且，这一品牌能够基于它的差异点创造出更加有力、更有偏好和独特性的组合，该品牌在竞争地位中就占据领先地位。换句话说，如果一个品牌在那些竞争者试图找到优势和在其他领域内取得优势上"收支相抵"，这个品牌就能够占据强大的、或许打不垮的竞争地位。[①]差异化让品牌与竞争者的品牌争斗的过程中取得了竞争优势。滇西民族医药品牌以其独特的地域环境及古老的医药传承承载了富有

---

① （美）菲利普·科特勒，凯文·莱恩·凯勒.营销管理.上海：上海人民出版社，2006：346.

传奇色彩的医药文化，为树立差异化的民族医药品牌形象提供了文化基础。

（2）一致性原则消费者对品牌产品的购买主要是基于消费者的某种偏好，因此，如果能让消费者的偏好与医药产品所具有的某种属性相一致，就能在消费者有需求时立即呈现在消费者的头脑中，激励消费者并促成消费者对医药产品的购买。医药产品的形象与消费者偏好的吻合度，即一致性，是激发消费者购买行为的直接动因。在滇西这块医药发展日渐成熟的市场上培育一个强势医药品牌，需要医药企业用心寻找消费者的偏好，并保持消费者的偏好与民族医药品牌形象的一致性，这是成就强势民族医药品牌的有力武器。从营销策略上来说，保持一致性有三种方法：第一种方法是先寻找目标市场中消费者的偏好位置，然后根据消费者的偏好，改变我们的医药产品，让产品来贴近消费者的偏好位置；第二种方法是通过造势改变消费者的偏好，使其与医药品牌的"口味"相一致；第三种方法是通过医药新产品开发，迎合消费者的偏好。

2. 路径

（1）采用天然中药，凸显绿色消费。滇西有着得天独厚的提炼天然中药的地理优势——原始的高黎贡山是一座天然的中药基地。民族医药品牌可以通过天然中药的采摘,凸显其"野"性，即非人工性。在生活环境日益遭遇人类污染的今天，让消费者购买到良心药，纯天然药，从而带动消费者的绿色医药产品消费理念。

（2）追求卓越品质，赢得顾客满意。质量是一个企业生存与发展的基础。在顾客的需求日益走向柔性化的今天，质量

144

更是一个医药品牌长足发展的根本。质量不仅包含产品质量，同时还包括在销售产品过程中所提供的服务质量。因此，要赢得顾客的满意，医药企业必须在生产高质量的医药产品之外传递营销质量，这样，品牌才能长足发展。当一个医药企业所提供的产品和服务符合或超越顾客的期望时，销售人员就提供了高质量，同时他也赢得了高顾客满意度。

（3）设计完美包装，塑造珍贵形象。包装就如同人穿的衣服，合身的才是最好的。医药产品的使用者的独特性决定了医药企业在设计包装时，不仅要体现医药产品的特征，同时还得给人一种轻松愉快的感觉，让医药产品的使用者从心理上接受产品与产品的疗效。医药产品的包装设计在给使用者完美疗效的同时，又具有医药产品性能上的独特性。民族医药品牌可以通过完美的包装设计，塑造出医药产品的珍贵形象。

（4）开展营销传播，创造社会影响。营销传播是公司直接或者间接通知、说服和提醒消费者，使消费者了解公司出售的产品或品牌的方法。从某种意义上说，营销传播代表了品牌的"声音"，是一种可用来与消费者展开对话或建立关系的方法。[1]民族医药品牌通过广告、销售促进、人员推销、事件和体验等传播工具的使用，建立给人印象深刻的品牌形象，提高品牌知名度，创造了一定的社会影响力。消费者的品牌接触会强化或者弱化消费者对品牌的判断或感觉，营销传播的目的主

---

① （美）菲利普·科特勒，凯文·莱恩·凯勒.营销管理.上海：上海人民出版社，2006：600.

要是强化消费者对品牌的积极判断与评价，经由消费者的口碑创造正向的社会影响。

（5）利用高效渠道，保证按时供给。营销渠道也称贸易渠道或分销渠道，是促使产品或服务顺利地被使用或消费的一整套相互依存的组织，它们组成一个产品或服务在产成以后的一系列途径，经过销售到达最终用户手中。营销渠道实际上是一个机会成本，主要作用之一是将潜在的顾客转换成有利润的订单。营销渠道不仅仅能服务于市场，也可以创造市场。民族医药品牌通过选择、培训、激励和评价渠道成员，建立高效渠道，促成医药产品的提前、按时供给，提高消费者的满意度，建立企业的高品牌形象。

（6）设置进入壁垒，保护民族品牌。医药产品不同于其他产品，尽管其外表形象及成分很容易模仿，但不同的配方所导致的药理药性是不一样的。比如地黄丸，尽管其主要组成成分均为六味，但不同的配方所引致的药理表现却截然不同，六味地黄丸治肾阴亏损、知柏地黄丸治肝肾阴虚、桂附地黄丸治肾阳虚、杞菊地黄丸治肝阴虚、归芍地黄丸有填精养血之效、麦味地黄丸治肺肾阴虚、七味都气丸治肾阳不足。因此，民族医药企业可以通过保密配方（比如云南白药）设置高的进入壁垒，将竞争者挡在门外，从而有效保护民族医药品牌。

（三）展望

滇西民族医药市场开发尚处于盲目、自发的阶段，品牌意识尤其淡薄。滇西民族医药文化资源丰富，各民族在长期的与疾病斗争的过程中产生、传承了深厚的民族医药资源（文化）。

开发民族医药重任道远，发展中医药事业和民族医药产业，增强品牌意识、促进品牌建设、强化品牌保护是民族地区医药企业等相关部门应该着力加强的管理经营理念，也是医药企业扩大利润生长点和提高盈利水平的重要路径。

民族文化融入民族医药品牌建设，尤其是民族医药品品牌定位，这一思想观念应该深植于管理者的头脑中，成为品牌定位理所当然的思维逻辑。目前的民族医药市场千篇一律的乱象正在于人们忽视品牌定位的重要性，以狂轰滥炸的广告造势来代替正常的品牌培育，从而一种错误的观念出现了：谁花的广告费更多一点，谁在主流媒体露面的几率更大一些，谁就是真正的品牌之王。这在一时是可以取得突破性的信息爆炸效应的，人们会对时常在电视黄金时段播放的医药品牌烂熟于心，但品牌认知度不等于品牌美誉度，品牌被认知，不等于品牌被接受。这个简单的逻辑居然被人们一再忽视，这在民族医药市场营销上明显是一个大的败笔。纠正品牌定位误区，就要与时俱进地挖掘和培育品牌文化，充分利用特色资源、整合特色技术、提升特色服务，唯有如此，民族文化、地域文化、传统文化融入民族医药品牌建设之中才显得自然、不矫情，才更有亲和力和黏性。

第二节　民族医药品牌包装设计的文化考量

　　包装是产品的面子，品牌是产品的灵魂。民族医药品牌要想做到表里如一，就要加强包装设计的艺术化、科学化。民族医药品牌建设客观上要求在包装设计中渗入文化因子。在民族医药品牌包装设计中对民族文化进行解构发现，包装设计可利用的文化因子包括民族风情、民族伦理、民族艺术等，对这些文化因子的综合运用，使民族医药品牌更具文化价值和商业价值。对民族医药品牌包装的文化植入方式有注射式、镶嵌式、混合式、化合式等。包装设计的文化考量，既为民族医药品牌建设创造了条件，也为包装设计行业带来了新的挑战和机遇。

　　包装设计既是文化的符码化手段，也是文化的阐释工具，甚至在一定意义上，包装设计本身就代表了某种文化选择和基因。民族医药品牌蕴涵着丰富的民族文化精华，它不仅仅确切地告知消费者某种"功用"，更是承载着医药文化传承的历史重任。适宜的包装设计使得民族医药品牌变得有血有肉，从而在医药市场竞争中取得理想的营销业绩。

（一）包装设计的文化因子分析

对民族医药品牌包装设计的文化因子进行解构是设计完美包装的前提。它遵循在构建一个品牌体系时所应该持有的系统哲学思想。民族医药品牌建设的目的是建造民族医药的大众识别系统，从而在林林总总的医药市场中凸显自身特色。在追求差异化生活的今天，功用上的一体化已经满足不了消费者的需求，形式上的多样性和消费性格的多元化正在取代那种传统的消费方式。文化因子的取舍与偏重的不同，是对消费者差异化消费权利的尊重，体现的是现代营销个性化、定制化、人本化的要求。在民族医药品牌的包装设计中，需要作为设计理念来加以考量的文化因子有民族风情、民族伦理、民族工艺、宗教信仰等等。本文还是以傣族医药品牌的包装设计为例来进行写实性的说明。

1. 民族风情与包装设计契机。民族风情，特别是民族盛大庆典，彰显出了一个民族的社会心理和风尚，是包装设计文化考量的主要关切点。傣族的重大节日是傣历新年——泼水节、关门节和开门节。傣族普遍信仰小乘佛教，不少节日与佛教活动有关。在每年傣历六月举行的泼水节是最盛大的节日，很多外地游客一般都选择在"泼水节"去西双版纳等傣族人民居住的地方旅游。泼水节期间，除酒、菜要丰盛外，各种傣族风味小吃也很多，人们以泼水的方式互致祝贺。"泼水节"在外人看来，已经具有象征价值，它预设着一种洒脱、浪漫、温情、惬意。然而，在现有不多的（云南、广西等地生产的）傣药产品中，居然没有任何显示这一独特民族风情的蛛丝马迹，这不能不说是一种缺憾。特别是在民族保健品的包装设计中，少数民族同胞们活跃、健康、阳光、欢快的形象完全缺场，这到底是一种忽视还是一种自卑？其实，民族风俗所蕴含的差异化生活要素，以及边地风情的神奇浪漫，足够给人以现代人稀缺的悠闲生活的遐思，这不正是民族医药品牌包装设计难得的契机吗？

2. 民族伦理与包装设计禁忌。傣族同胞信仰佛教，其伦理思想一般与宗教信仰相关。他们忌讳外人骑马、赶牛、挑担和乱着头发进寨子；客人不能坐在火塘上方或跨过火塘，不能进入主人内室，不能坐门槛；不能移动火塘上的三脚架，也不能用脚踏火；忌讳在家里吹口哨、剪指甲；不准用衣服当枕头或坐枕头；晒衣服时，上衣要晒在高处，裤子和裙子要晒在低处；进佛寺要脱鞋，忌讳摸小和尚的头、佛像等佛家圣物。民族伦理还包括尊卑长幼关系、道德规范等等。傣族医药品牌建设在包装设计上应该从三个方面来思考：一是必须尊重少数民族伦理习惯，民族禁忌不能出现在包装上；二是引导正常的文化交流，民族医药品牌包装设计同时是一个宣传民族文化的良好机会；三是民族融合是最终弥合文化冲突的措施，包装设计中要权衡好民族文化的独特性与伦理、美学的普适性的关系

3. 民族识别与包装设计构图。医药外包装是一个景观体系，民族医药品牌建设重视包装设计，说到底就是要在色彩、视觉冲击、图案结构、包装整体外观等方面契合美学要求，同时体现出民族医药特色。作为品牌医药外包装，它是民族医药识别系统的重要组成部分。各个民族本身具有一系列的识别系统，服饰、建筑、生活器具等均能作为文化异质性的外在表现形式。傣族有"旱傣"、"水傣"、"花腰傣"之分，其不同

的装饰代表着其支系的服饰文化。傣族服饰淡雅美观，体现出热爱生活、崇尚中和之美的民族个性。男子常穿无领对襟或大襟小袖短衫，下着长管裤，以白布、水红布或蓝布包头。傣族妇女的服饰，因地区而异。西双版纳的傣族妇女上着各色紧身内衣，外罩紧身无领窄袖短衫，下穿彩色筒裙，长及脚面，并用精美的银质腰带束裙，德宏、新平、元江一带的傣族妇女穿着又各有不同。傣族妇女爱将长发束于头顶，或饰以鲜花，或包裹头巾，或戴高筒形帽，或戴尖顶大斗笠，各呈其秀，颇为别致。民族医药品牌包装设计融入民族文化需要从中领会三个要点：一是民族服饰本身构成民族主要识别符码；二是民族服饰、建筑、器具反映民族审美情趣；三是民族识别系统要防止简单复制而千篇一律。

4.独特功用与包装设计隐喻。各民族医药传统虽然历史悠久，来源于长期的生产生活和临床实践，但是，受当地生产水平和自然科学技术水平的限制，各民族医药的发展都相当有限，某些传统医药的受业者甚至巫医不分，有较大的封建迷信色彩，我们应该予以抛弃。同时，我们一定要挖掘出民族医药中最有创造性和独特功效的精华，傣医在用药上也有类似中医汤头的固定配方，热病用寒凉药，寒病用温热药，虚病用补益药等。根据不同的致病因素，傣医把用于因风致病的方药定名为"佤约塔雅塔"，用于因火致病的方药定名为"爹卓塔雅塔"，用于因水致病的方药定名为"阿波塔雅塔"，用于因土致病的方药定名为"巴塔维塔雅塔"。这些颇具特色的医药文化和诊疗技术理应发扬光大并使之现代化。民族医药品牌包装设计需要了解民族医药发展的历史，可以隐喻的方式展示出少数民族在长期的艰难生产生活中同疾患作斗争的精神以及探索卫生科学的苦难历程。此为一方面。另一方面，需要适当把少数民族同胞激昂向上、体格健壮、性格开朗、性情温和的形象和健康、卫生、长寿等理念联系起来。

5. 民族艺术与包装设计背景。毋庸置疑，从事艺术设计的人都具有自身长期以来养成的思维习惯和技法。民族医药品牌包装设计不仅仅是一个普通产品的实用性包装设计的问题，它必须把民族性刻于产品的包装纸上，以此彰显个性。傣族人民能歌善舞，有着蕴藏丰富的民间文艺作品，包括叙事长诗、童话、寓言、传说、神话等。许多著名的叙事长诗，如《召树屯与嫡木诺娜》《娥并与桑洛》《阿銮的故事》等中外闻名。赞哈（傣语中就是民间歌手的意思）演唱是傣族民间喜闻乐见的传统文艺形式。此外，还有独具特色的象脚鼓等乐器作为说唱伴奏。舞蹈有广泛流行的"孔雀舞"、"象脚鼓舞"等。在民族医药包装外形构造以及图案底色的布置方面，可以采取淡出的方式强化文化主题。民族艺术背景在医药品牌包装设计中既指设计师自身的民族艺术修养（即专业背景），又指对民族艺术的领悟和潜移默化的运用，不露痕迹的渗透式施展。

民族医药品牌设计可能遇到的文化困境，是钳制现有民族医药品牌标识符码系统形成的重要障碍，也是作为特色产业发展面临的美学瓶颈。民族风情、民族伦理、民族服饰、建筑、器具、独特的医药文化、民族民间艺术等，都是民族医药品牌建设在包装设计中应该着重关注的方面。没有文化特色的产品就是没有灵魂的产品，重视文化因子分析，促进产业文化化，正是为民族医药品牌建设"招魂"。

（二）文化因子的包装设计路径

对文化的理解既要从细分的角度理解文化的构成因子，又要从整体来观瞻文化的全境景观；既要从横断面静态地审视实有文化面貌，又要从历史之流中（纵向）动态地反思文化之根。民族医药品牌建设在文化上的强调因而凸显了对包装设计的高标准要求。在如何使文化因子渗入民族医药产品方面，包装设计可以采取注射式、镶嵌式、混合式、化合式、穿越式、拟真式等多种方法，然而，每一种路径都并不封锁采取其他路径作为补充的开放性。

1. 注射式。文化浸润是民族医药品牌包装设计的出发点和落脚点。对于成熟医药产品的品牌建设，包装设计更多地采取注射式方式使整个产品包装更加符合民族文化特征。注射式就是不改变产品形象、内涵的情况下，部分地矫正民族医药产品文化缺失的漏洞。它需要与一系列的设计说明（阐释）相互结合才能发挥作用，在运用现代传媒广告的基础上将文化因子的某个表征符号演绎出一种精神、一段故事，骤然聚焦于文化表征物之上。点滴注射式采取系列化图景包装设计方式：用连环画式的方式组合成一个文化阐释系统；而一次性注射式采取的是象征符号的集约方式：一个符号或者图标演绎出文化内核。无论采取哪种方式，注射式是一种事后弥补行为，它无关整个品牌的连续性理念。然而，注射式的优点是通过文化因子的植入而任其自身发挥作用，从而提高整个品牌的美誉度。

2. 镶嵌式。在医药品牌文化具有基础建设的情况下，权衡民族文化和医药文化汇合的交集，发现对于民族文化的阐释缺乏力度的时候，作为补救性的设计方案，镶嵌式包装设计就犹如锦上添花。镶嵌式文化植入的包装设计依据整个时代背景和营销环境的变化而有所不同。它是时尚基础上寻求传统意境的一种怀旧方式。也可以是潮流化背景下的逆向行为，在差异化逐渐风行的今天起到确证个性化存在的作用。镶嵌式更多的是在较为保守的医药产品品牌包装设计上运用，它只能作为点缀出现，而不可以改变整个医药品牌宣传的"功用"重心。镶嵌式包装设计既适合于成熟产品品牌建设的需要，也适合于不成熟产品品牌建设的要求。其优点是大众化包装的情形下能够提供品牌识别码，缺点是整体设计的生硬感较强，民族医药品牌作为一个整体的连贯性和系统性不强。

3. 混合式。混合式民族医药品牌包装设计有两种路径。一是前述注射式与镶嵌式的混合。也就是说针对成熟市场产品，既有矫正产品文化缺失的补救性设计方案，又有基于时代、区域特色背景的点缀性设计。既有浸蕴其中的文化要素在起作用，又有浮于表面的文化氛围在起作用。二是专指多种民族文化的混合生成过程。多元文化混合设计理念在域内文化冲突不可避免的情况下拓展医药营销市场大有裨益。[1]在包装形状、图案、字体、色彩等方面全盘考虑利益相关各民族文化体系，取各种民族文化因子于一身，凝结成为符合民族共识心理和美学的品牌外在形象。这种混合式包装设计要求设计师具有高超的技巧的同时，能够总览各种文化的基本精神。混合式包装设计对于

---

①何华征. 域内文化冲突与市场营销终端客户管理. 中国流通经济，2012（7）.

多民族杂居地区民间医药品牌的建设非常适宜，同时对于特定民族医药品牌（如傣医药）在其他民族（如德昂族、壮族）地区的推广亦有良好的眼缘。

4. 化合式。相比化合式而言，混合式包装设计还只是低级层次的设计境界。混合式设计的包装可以较为容易地辨认出各个民族文化因子的符码，它是一种有一定秩序的叠加。而化合式包装设计则看不出任何具体的民族文化的显性标志。化合式设计更加注重理念和意念层面的文化特色。只有深谙各民族的审美特质和文化基质的前提下，化合式民族医药品牌包装设计才是可能的。它仅在线条、颜色、意境等抽象范围具有相关民族的文化特点。如果混合式还存在文化冲突的潜在可能性的话，化合式包装设计试图抹杀这种冲突的最后根源。设计师只要善于捕捉到诸如灵动、强健、隽美、艳丽、含蓄、奔放等民族文化特质，就可以随心所欲地设计出精美、适用、深刻、普适的民族医药品牌包装。化合式包装设计可以广泛应用于杂居或者聚居民族的民间医药品牌建设，它是抽象的，然而是文化因子的和谐组合。

5. 穿越式。"穿越"一词往往显示出一种轻浮，然而亦可以表达一种历史的厚重。医药产品的特殊功能以及消费对象的特殊性使得医药品牌建设必须摒弃滑稽和草率的设计行为。穿越式包装设计的目的在于连接民族医药文明史与现代科学技术和现代生活范式，使古今健康理念和文明脉络相互牵连，从而使人们（特别是消费者）对民族医药品牌产生敬意，对民族医药文化产生一种崇高感。比如傣族医药经典《罗格牙坦》《阿皮踏麻基干比》《戛牙三哈雅》所蕴含的医药探索精神，可以通过卡通和场景更换的方式符码化，使其焕发光彩。穿越式设计理念不能忽视历史真实性，它来源于历史事实而不拘泥于历史真相。穿越式包装设计的可行在于包装本身不但是一门技术，也是一门艺术。由于传统医学和现代医学的区别在于它们在时间向度上的追求完全相反，现代医学崇尚"最新研究成果"，而传统医学崇尚"历史考古发现"，前者尚新，后者尚旧。从这个方面来讲，传统医药品牌建设（现代化）中倘若恰当运用穿越式包装设计，或许能够达到意想不到的结果。

包装设计必须符合产品自身的要求，这一点是不争的事实。但是民族医药品牌建设中，包装设计长期被轻视导致民族医药品牌识别系统的模糊不清。这种局面既不利于民族医药产业走特色化道路，又不利于医药品牌的推广和现代化。民族医药品牌包装设计的方式或者路径很多，除了上述五种路径之外，还有拟真式（镜像式）、联想式（象征式）等。每一种方法都可以单独运用，也可以综合运用。作为技术的民族医药品牌包装设计要遵循安全、实用、节省的原则，而作为艺术的民族医药品牌包装设计，还要遵循"有文化深度、有艺术境界、有思想内涵"的要求。

（三）展望

1. 民族医药资源丰富，医药品牌建设任重道远　仍然拿傣族医药来说，傣族居住区大都属热带、亚热带地区，是我国热带植物（含傣药）最集中的地区，拥有大量珍贵、稀有的生物种，傣药资源极为丰富。仅西双版纳就有药材种类1776种，其中植物药材1715种，动物药47种，矿物药14种。全国中药资源普查的 395 个重点品种，仅西双版纳就有 208 个，占 52.66%。然而，与大多数民族医药一样，傣医药学作为国内四大民族医药学体系之一，目前大多数傣药产品还停留在医院制剂的水平上，获准上市的药品屈指可数，如"珠子肝泰胶囊"、"双姜胃痛丸"、"龙血竭胶囊"、"七味磕藤子丸"等。可见，民族医药品牌挖掘空间广大。

2. 随着民生经济的进一步发展，民族医药品牌建设具有极大的商业价值和文化价值。医药行业向来被称为暴利行业。随着科学技术进一步研究未知世界出现的困境而出现的"返魅"，[①]保健养生在很大程度上已经在基本医疗卫生得到保障的前提下变成了符号消费品。民族医药品牌建设在立足现代医药生物技术的科学基础之上，要承担起传承文明和引导风尚的作用，就一定能够迎来民族医药品牌包装设计创新的春天。2011 年 10 月 18 日中国共产党第十七届中央委员会第六次全体会议通过《关于深化文化体制改革 推动社会主义文化大发展大繁荣若干重大问题的决定》，它既是促进文化产业化的纲领性文件，也是鼓励产业文化化的重要决策。以此观之，民族医药品牌包装设计中增加文化考量，正好契合社会发展需要和时代潮流。

3. 品牌包装是民族医药产品面向世界、面向未来的推动力民族医药品牌建设不是一般商品品牌建设，它的（广义）虚拟

---

①（美）大卫·格里芬.后现代科学：科学魅力的再现.北京：中央编译出版社，2004：14.

价值增值的空间有限。在医药市场激烈竞争的今天，每一个环节都关系到企业的生死存亡。民族医药品牌包装设计前景广阔，只要能在包装设计中体现产品特色、民族特色、边疆特色，就有可能随着卫生健康事业的蓬勃发展而分一杯羹。包装设计单位和设计师在民族医药品牌包装设计中若能思路清晰、理念正确、手段先进，一定可以取得预期的经济效应和社会效益。而民族医药也将在适当的包装设计中获得完美的外衣。民族医药品牌实现现代化、迈向世界，需要包括包装设计在内的科技、文化、艺术的联动和合力。

表面上看，民族医药产品的包装是"面子工程"，实际上也是"里子工程"。只有面子做到尽善尽美，里子才能得到尽善尽美的表达。包装不仅仅是品牌的符号架构，它本身就蕴含着深刻的文化因素。对于民族医药市场营销来说，包装可能是现成的，也可能是营销部门必须自为的功课。如果引进的是初级产品，那么，在市场营销的过程中，对医药产品进行再包装是非常必要的。过于简略的包装会挫伤消费者的信心，过于浮夸的包装又给人不真实的感觉。因此，充分挖掘原产地文化资源、植入文化因子，进行再包装，也是对消费者的尊重。对于那些已经经过包装设计了的产品，如果营销部门觉得有必要增加某些文化元素，以提高产品的卖点也是未尝不可的。只是在这类产品的精细化包装改进中，要与原包装保持格调一致，不能破坏基本的视觉艺术，切勿画蛇添足。

第三节　腾越文化对滇西民族医药品牌的影响

　　文化个性是民族医药品牌的内在生成基质，而民族文化外化为品牌符号系统则需要自觉的品牌意识和战略思维。腾越文化是滇西地区的一种独特文化，由于这种文化是边疆特色、民族特色、产业特色、地缘特色等的结合，从而具有非常显著的独特性。这种独特性使它难于被复制和被仿造，从而有力地为当地医药品牌的建设提供了异质性文化基质，构成了腾药不可复制的内在价值体系。正因为腾越文化具有典型的边疆异域色彩和多民族文化融合的特色，腾越文化在民族医药品牌建设的过程中具有非常重要的作用，使滇西民族医药品牌具有了自身的独特性和广阔的发展空间。腾越文化的注入为滇西民族医药品牌的长远发展带来了生机和活力。

　　文化是品牌生成的精神土壤，文化通过间接的、潜移默化的方式影响企业的营销决策及营销对象的消费心理、消费方式、消费行为、消费习惯等。腾越文化作为内地汉文化、边地少数民文化和境外异域文化的一种融合，对滇西民族地区医药品牌的生成，不管是在过去还是现在都曾经或者正在产生深远的影响。

（一）腾越文化是滇西多民族融合的典型形态

腾冲，旧称腾越。古腾越包括高黎贡山以西向境外延伸的大片地域，又称为极边。腾越位于高黎贡山之西，是西南极边之地，坐落于滇西与境外联结的古今通道上，距离东南亚和南亚较近，为亚洲腹地、中南半岛和印巴次大陆的陆上交通枢纽。千百年来，腾冲一直是历代王朝所重视的戍边重地，大量的汉族移民因戍边、屯垦、经商等原因来到了这里。随着汉族人群的大量迁入，汉文化也在腾冲这块土地上开始生根成长，四处传扬。而以"大分散，小聚居"的形式聚居于此或后来迁徙进来的少数民族人群，在与汉民族杂居共处的过程中，既受到汉民族汉文化的影响，又部分地沿袭着自己的传统，从而呈现出了文化上的多样性。如傣族的嘎光、傣戏、麒麟舞，佤族的清戏，傈僳族的"上刀山下火海"等，都将这种文化的多样性体现得淋漓尽致。同时，由于紧邻异邦，又处于古代对外交流的古西南丝绸之路的"蜀身毒道"和现代的国际交流通道——滇缅公路上，地理位置上的优越性，加之古代交通落后，腾越人从古道往东进入内地，山高水险，路途遥远，且官府关卡重重。而往西、往南（经过异邦）不仅地貌特征相对平缓，而且还有先辈、亲友、乡党等创下的社会关系可以依靠，在异域发展或到达内地（即腾越人所说的到内地得先出国）相对顺畅。这就成就了腾越人利用地利之便向外发展——"穷走夷方急走厂"的开放意识，使腾冲较早地受到了外来文化的影响。对异域文化的兼收并蓄铸就了腾越中西合璧的文化态势，而且自成一体，这对腾越文化的传承提供了发展基础。总之，腾越文化有其独特的生存环境，深厚的历史积淀、源远流长的民族传统，它必定对滇西民族医药品牌的生成产生不可低估的作用。

（二）腾越文化对滇西民族医药品牌的影响力表征

文化与品牌之间既相辅相成，又互为存在的根本。品牌因文化而出现产品溢价、价值增值，并变得富有内涵、神秘感和复杂性；文化因品牌的发展而拥有了生存的载体，并变得富有活力而声名远播。腾越文化作为众多种文化的大融合，在民族医药品牌的培育、发展过程中发挥了它特有的作用和影响力，使滇西民族医药品牌具有了自身的独特性和广阔的发展空间。腾越文化的注入为滇西民族医药品牌的长远发展带来了生机和发展潜力。

1. 独特性。医药产品的疗效主要是基于某些化学元素或者化学成分，因此，其核心产品很容易模仿和复制。然而，正是因为腾越文化对民族医药品牌的不断影响和渗透，使其具有了丰富的内涵和异质性。而正是这种丰富的内涵和差异性导致了滇西民族医药品牌的独特性。据我们的调查，消费者对腾药的六味地黄丸认可度很高，尽管九芝堂浓缩六味地黄丸的品牌效应比腾药的要大，而且其包装、形象、广告效果等也都优于腾药的六味地黄丸，然而，消费者认为腾药（企业）很实诚、（生产的产品）很环保、（产品）性价比高、（包装）不花哨……这体现的就是腾药产品的独特性，这种独特性源于消费者对腾药的认可，对腾药文化或者说对整个腾越文化的认可，对腾越人的一种认同。民族医药品牌作为一种文化必然受到生于斯长于斯的亚文化的影响，而这正好促成了民族医药品牌的差异性，这是其他任何医药企业都无法 COPY 的。独特性使民族医药品

161

牌赢得了"鹤立鸡群"的竞争优势，同时企业也因这种异质性（即独特性）资源而获得了产品溢价与价值增值。

2. 化合性。腾越文化不是异域文化、极边少数民族文化与内地汉文化的简单聚合，就如同物质的化学反应一样它是三类文化的一个复杂的化合反应过程的产物。作为腾越文化发展的一部分的药文化更是为滇西民族医药品牌的发展奠定了实践基础，中国古代的医药先贤"药王"孙思邈的医学医术就曾在这里广为流传。滇西民族医药品牌正因为成长于腾越文化这样的化合性的环境中，企业文化与腾越文化的再一次化合，增强了其品牌的化合性。品牌的化合性体现的是品牌的多样性，它从不同的层面迎合了不同价值取向的消费者的需求。例如：（腾药？）同时，腾越文化的发展带来了滇西民族医药文化的繁荣。特殊的地域环境使腾越人千百年来的医药文化传承也具有了多层特色，这既丰富了滇西民族医药品牌的内涵，也为其长足发展赢得了文化招牌和消费者的信任。化合性的民族医药品牌作为一种异质性资源，为现代腾越的民族医药品牌建设与持续性发展带来了竞争优势与发展机遇。

3. 增殖性。滇西民族医药品牌植根于腾越文化这种独具特色的土壤中，其独特性与化合性的影响力表征为民族医药品牌赢得了增殖性，具体表现在以下几个方面：

（1）品牌心理预期提升。医药产品不同于其他产品，消费者购买主要是基于对疾病或者未病的一种治疗与预防，因此，消费者对疗效的高预期会因心理预期而带来心理愉悦感，从而促进身体的快速的治疗与恢复。

（2）品牌忠诚度提高。滇西民族医药品牌的消费者大部分是本地消费者，他们置身于当地的文化氛围中，受到本地文化的潜移默化的影响，腾越文化对滇西民族医药品牌的融入，增加了消费者对品牌的熟悉度，促进了消费者对品牌的理解与信赖性，从而提高了消费者的品牌忠诚度。

（3）品牌影响力扩大　滇西民族地区因地处极边，经济发展比较缓慢，购买力不强，但民间医药特别流行。随着社会的发展，人们民生活水平的提高，消费者对有病求医、未病防范意识逐渐增强，特别是大部分的医药品牌都源于民间特效药方的改良与采用，而且价位低、疗效好，这在提高品牌忠诚度的同时也赢得了消费者的良好口碑，增强了品牌影响力。

（4）品牌价值增值　消费者的信赖为品牌获得了广泛的美誉度和忠诚度，最终带来了品牌价值的增值。

总之，腾越文化作为一种地域文化为成长其中的滇西民族医药品牌的长远发展开辟了一片蓝海。当然，地域的限制，也让腾越文化蒙上了一层"落后""贫穷"的色彩，但这恰好为医药企业开发"绿色"产品提供了契机。因此，如何提升滇西民族医药品牌的品位，增加其虚拟价值是医药企业需要认真去做的事情。

（三）腾越文化对民族医药品牌生成的影响路径

文化对人的影响是无形而深远的，文化像一双无形的手指挥着人们的行为。腾越文化不仅潜移默化地影响着生活在这里的人们，而且也深深地影响着成长于此的荟萃了当地历史上医药精华的民族医药企业。它不仅影响民族医药品牌的价值生成、定位决策、传播途径，而且也深深影响着民族医药品牌的竞争能力。

1.影响品牌价值生成。民族医药品牌是一个以医药消费者或顾客为中心的概念，没有医药消费者或顾客就没有民族医药品牌，因此，民族医药品牌价值取决于消费者或顾客对医药品牌的认同程度。医药品牌知名度越大，信誉越好，其影响力和获利能力也就越强，医药品牌价值也就越高。换言之，民族医药品牌价值是医药消费者或顾客对民族医药品牌整体实力的全面心理反应，包括医药品牌的可感知的情感利益和功能利益，是民族医药品牌经过长期积累而形成的。民族医药品牌价值的情感利益主要体现在消费者或顾客对民族医药品牌的情感和心理感知，这种感知是建立消费者与民族医药品牌之间联系的基础。

消费者或顾客对某一医药品牌的选择，不仅仅是在做一种医药产品选择，同时也选择了这一医药品牌所代表的文化、人格特征和价值观。腾越文化是滇西民族医药品牌形成的母体，它自然会影响民族医药品牌的价值生成。医药品牌的功能利益是民族医药品牌在市场上立足的基础。医药品牌的成功无一例外是依赖于医药产品自身的功能和质量。因此，提供高质量的可以和竞争对手媲美的产品与服务是医药品牌形成其竞争优势的基础。而产品与服务的高质量性与切合性依赖于服务区文化的选择，因此，腾越文化作为消费者成长的土壤，自然影响消费者或顾客对产品的感受性，即从另一个层面影响民族医药品牌的价值生成。一个强势的、有活力的医药品牌总是具有强劲的市场影响力和成长性，腾越文化作为民族医药品牌与消费者成长和生活的环境，最终借医药产品影响着腾越人的发展与生活理念。

2.影响品牌定位决策。进行品牌形象设计，从而使其能在目标顾客的心目中占有一个独特的位置的行动。因此，定位的目的是为了让产品更符合目标消费者的需求。产品的定位源于消费者对产品与品牌的选择，而这种选择又受到消费者的价值取向的影响，消费者的价值取向是消费者所生活的文化环境的体现。因此，民族医药企业一方面要尊重本地民族文化——腾越文化特色；另一方面又要发展腾越文化，将腾越文化的内涵融入民族医药品牌中，提高民族医药品牌的品位，提升民族医药品牌形象，形成文化上的差异性，使其独具特色。

3.影响营销传播设计。营销传播是公司直接或者间接通知、说服和提醒消费者，使消费者了解公司出售的产品或品牌的方法。从某种意义上说，营销传播代表了品牌的"声音"，是一种可用来与消费者展开对话或建立关系的方法。可见，高效的传播设计应该既真实、准确地传达品牌的"心声"，又给消费者带来积极的品牌判断与感觉，即通过设计传播获得预想的消费者反应。同时，根据菲利普·科特勒在《营销管理》中所提到的消费者反应的微观模型中的效果层次模式。企业对目标消费者的培育，从认知阶段到感知阶段到行为阶段，其每一个阶段的沟通模式都受到其所在的特定文化环境、经济环境等的影响，当然，文化环境的影响是最深刻的。因此，滇西民族医药企业在进行营销传播设计时要充分考虑腾越文化对目标消费者的深刻影响，使民族医药企业的营销设计达到：（1）传播方式满足目标消费者的接受习惯；（2）传播工具与目标消费者的生活密切接触；（3）传播信息切合目标市场的文化特色，通过营销传播设计达成民族医药企业与目标消费者的无缝对接。

4.影响品牌竞争能力。滇西民族医药品牌的市场竞争能力主要体现在其民族特色、文化特色、地域特色等所体现的品牌差异性上。滇西地区少数民族与汉民族的杂居共处，使医药文化在融合的状态下流传，民族医药盛行。同时，医药先贤"药王"孙思邈及其他医家先贤医药医术的传承，以及"坐地三棵药"的自然宠爱，使滇西民族地区的医药文化相对较发达，这就为民族医药品牌的成长提供了历史积淀及自然基础。地理上的优势促进了滇西民族医药品牌走出国门，发展民族中医药。可以说，腾越文化特别是腾药文化的发展不仅为滇西民族医药品牌的发展注入了鲜活的血液，同时也为其与其他医药品牌的竞争提供了资本。腾越文化促进了民族医药品牌的发展、壮大，民族医药品牌的成功为腾越文化的传承与传播起了催化剂的作用。总之，腾越文化，作为一种异质性资源，它对滇西民族医药品牌的注入，在彰显民族医药品牌的独特性的过程中，不仅提高了其他医药品牌的进入壁垒，同时，也从整体上提高了民族医药品牌的竞争能力。

（四）结语

有时候，为了区别于传统品牌建设中仅仅将"品牌"当作一个标签来对待的老旧做法，人们往往将品牌与品牌文化等同起来。尽管就现今来看，一定的品牌一定蕴藏着一定的品牌文化，但是，过去那种"没文化"的标签是不是也能合理地被想象成为一种品牌？在企业管理理论和实践不断取得新成就的今天，这无疑是不可能的。腾越文化对滇西民族医药品牌的影响是深远的，作为医药企业，在借助腾越文化凸显民族医药品牌特色的同时，还应该时刻注意市场的动向，具有危机意识。同时，提升民族医药品牌的形象，继续保持民族医药品牌产品的质量，让滇西民族医药品牌发展得更长远，让腾越文化传播得更宽广，这对于"富边强省"、"桥头堡"建设有着深远而持久的意义。

可见，品牌建设的远景意义和近景意义是不同的。就民族医药品牌而言，它的远景意义是要传承并弘扬民族医药文化，而它的近景意义则是获得品牌传播的效应并取得经济上的巨大利润。这两者之间并不矛盾：在社会主义初级阶段，市场经济方兴未艾，只有遵循市场原则，才能使民族医药品牌获得发展壮大；民族医药品牌市场规模的扩大和市场品质的提高，也会造就民族医药文化的繁荣昌盛。因而，二者是相互促进的关系。

第四节　符号学视角的民族医药品牌定位

在消费社会中应该强调符号的重要作用，这是许多社会学家提出的忠告。鲍德里亚、德波等思想家是对消费社会景观化生存的有力批判者。但对社会现实的批判与社会现实的实际存在样态之间并不必然矛盾，或者说，至少社会不会因为批判而发生彻底变化，除非按照马克思所说的"用武器的批判代替批判的武器"。不过，在经济领域试图通过武器的批判而达到社会经济运行的理想化状态，显然是不符合客观规律的。社会发展越来越趋向于对符号价值、象征价值的膜拜，这造成了好的影响，也造成了坏的影响。好的影响是人们的消费品质不断提升，虚拟化的符号和象征意义的需求无论如何证明了社会的繁盛。而且随着消费者的变化，整个经济生产和运行都变得更为人性化，更加关怀人们的内心需要。坏的影响在于消费主义的盛行导致了景观化的浪费和欺骗。景观化的商品世界并非必然带来人们物质生活的"文化化"，也可能导致消费立场变成消费目的，消费手段成为消费的宗旨，而不是服务和品牌产品本身，这是奢侈浪费的根源之一。

品牌定位应符合文化自身的生成逻辑和消费者心理。符号学意在"能指"与"所指"之间构建桥梁，桥接品牌和价值之间可能出现的断裂。品牌识别码与符号系统之间的种种错位，会导致品牌构建的失败。品牌的符号学定位，应防止空心化和庸俗化，创造和延伸品牌价值；它明确指明了品牌定位应该有社会化符码体系的基本前提。越是社会化程度高的符号系统，越是能够在品牌定位中映现正确的市场真相，而越是社会化程度低的符码系统，它对品牌培育的成本节约会形成巨大的阻力。企业"品牌定位"在符号学视角看来，就应当遵循品牌生成的文化逻辑和社会心理机制。

对符号学的青睐是消费社会的重要特征之一。但符号学本身并不等于符号的应用科学或者工具性指引。在本书看来（或者在实际上），它仅仅是一种分析框架和批判性学说。从而这里对符号学的应用显得更为实用化，它借去了符号学的分析框架而对它的批判性本质存留不理。符号学就是意义学，意义的发生、传送、理解，是符号学的基本问题。符号学的主要研究对象是文化。[1]品牌建设离开文化，亦即在符号学之外寻求它的坐标体系，是一项艰难而务虚的工作。符号的重要性已经被社会的经济、政治与文化活动，以及日常生活的经验所证实。定位品牌，就是要在符号学的意义上，建构符码体系，建立符号与意义之间的关联，使符号体系获得社会认同，扩展符号化

---

[1]（英）罗伯特·霍奇，冈瑟·克雷斯.社会符号学.成都：四川教育出版社，2012：1.

产品"文化附加值"的想象空间,从而实现符号价值,确立品牌。

（一）品牌定位的符号学诠释与定义

1.品牌定位与"文化逻辑"。"定位"之父杰克·特劳特分析企业失败的原因时曾举过这样的例子：苹果公司在推出产品牛顿（NEWTON）（一款被称为"PDA"的新产品）时，它面临的最大问题是——我们卖的是什么？ PDA 即"个人数据助手"(PERSONAL DIGITAL ASSISTANT)，并非产品类别，也不大可能成为独立的品类。苹果公司并没有以通俗易懂的方式解决上述问题，以至于消费者戏称 PDA 为"真他妈抽象"（PREETY DAMNED ABSTRACT ）。[①]可见，品牌定位不能离开"文化逻辑"，并非任意一个符码都会产生像"埃菲尔铁塔"（这个标签）相对于"巴黎"这座城市一样的，具有完全的"借代"和喻指的功效。

文化逻辑，亦即文化自身的生成逻辑。很多人认为文化是被创造的，是可以任意组装和生产的。这是一个极大的误区。在符号学视域下，对品牌进行合理定位，就应遵循文化的自我生成逻辑。文化的生成就是文化的实现。任何一种文化，主流文化或亚文化，其生成的过程与其实现的过程是同一个过程。那么，文化如何实现呢？

文化的实现，也就是说在现实生活中的确存在有此类文化

---

① （美）杰克·特劳特.大品牌大问题.北京：机械工业出版社，2012：5.

现象，有此种生活景观。文化既是一种预设，又是一种实存。作为预设，它可以规划、指引、创造、整合、调适、更新，作为实存，它不可以无中生有、凭空想象、虚构捏造、画饼充饥、胡搅蛮缠。具体说来，有如下四层限制：其一，现实生活和物质水平是文化的逻辑起点，离开了现实土壤的文化预设都只是空想。其二，文化说到底是人化，切合人性需求是文化的逻辑指向，只要离开了人，文化就什么也不是。其三，文化的逻辑纽结需要一整套的符码系统和网络节点。其四，文化的生命力，或者说文化的活力，来源于文化"留白"的想象空间。

品牌定位的文化逻辑亦在于此。在文化符码构成与结构生成的过程中，链接信息发布者与受众心理之间的桥梁，势必是一种基于"想象"和"实在"的价值延伸。

2.品牌的"意指"与"交流"。意义的形成、传送和理解，无疑是"品牌"培育的关键和核心。品牌的符号化生存意味着建立"意指"关系的重要性在于符码的亲和力以及表现力。有效、简便、符合审美要求的符号体系将会成为品牌的"能指"体系，而它对"所指"形象、生动、具有诱惑力的表现，则意味着品牌定位的成功程度与企业战略的顺利进展。

品牌就是"意指"关系的明晰化，而意指关系明晰化的前提是符号的可交流性。"交流"是品牌深度开发的内核。信息交流与品牌的互动化生成，是品牌创新的力量之源。品牌交流具有广泛的意蕴，其中，品牌自身的渗透性、品牌的服务耦合、品牌的顾客交流、品牌的反馈是品牌交流的几种主要形式。（1）"品牌的渗透性"指的是品牌的扩散功能和品牌自身的生存能力。一个品牌要在市场中扩大影响、延续下去，就需要品牌的内生渗透力。它是品牌的产品品质及个性化设计所形成的一种"品牌力"（Brand Power）。（2）"品牌的服务耦合"指的是品牌的产品（承载物质）、经营理念、服务机制、战略等的融洽程度。"真品牌"具有一体化的表现形式，它在一个品牌体系下共同构筑品牌魅力。真品牌尽管不是面面俱到，但遗漏任何一个细节，都会对品牌的生成造成负效应。（3）"品牌的顾客交流"指的是同一类品牌的消费者之间的交流和联系。以消费物品作为社会阶层和群体的划分标准，是消费社会以来出现的重要社会现象。"躯体化"已经成为新的经济社会"等级"制度的客观基础。顾客之间存在的交流，有两个方面的作用：其一是阶层化的顾客交流，导致其他消费者进入相同"消费圈"的壁垒的形成，因而不利于品牌影响力的进一步扩大。其二是顾客交流具有"锁定"和"解散"的双重可能。当品牌与顾客身份趋同，并且在适当的程度有"拔高"消费者身份的意蕴时，会对已有的消费者形成锁定效应，从而稳固客源；当品牌与顾客身份和价值认同相悖离的时候，顾客交流则可能导致现有"消费圈"的解散。这也是为什么品牌"定位"成为企业经营管理的重要环节的原因。（4）"品牌的反馈"是指实际营销过程中消费者的满意程度、退换货比率、服务和品质建议等。品牌反馈是调适或强化品牌定位的前提。品牌反馈建立在顾客理性消费的基础之上。"交流方式的发展决定了群体的发展，也决定了他们接受大众暗示的方式。"[1]顾客交流决定

---

① （法）塞奇·莫斯科维奇．群氓的时代．南京：江苏人民出版社，2006：328.

着消费群体的成熟程度以及品牌承诺的可操作性。

品牌的定位，在符号学意味上，就是合理的"意指关系"的建立和"品牌交流"的形成。意指关系确定品牌的价值范围，而顾客交流则强化或者弱化着"品牌力"的影响。在通常情况下，这些关系的形成与建构必然伴随着符号系统和品牌识别的同时序列化、机制化、稳定化。

3. 符号系统与品牌识别。品牌定位准确与否，归根到底就在于品牌所赖以形成的符号系统和识别码是否符合文化的生成逻辑，是否体现了企业战略和市场需求、是否表达出一种明晰的意指关系，并且使品牌的符码系统具有可交流性。符号学视域下的品牌定位，就是符号系统恰如其分地构建了"能指"和"所指"之间的关联，而"能指"系统即是符号系统和品牌识别的外在特征，"所指"系统即是意义系统，是由符码编织而成的，承载着"消费愿景"和"价值寄寓"的功能系统。

意指系统必须借助大量的代码（符码）才能形成，它是品牌产品的物质基质和文化因子的集合体。通过意指关系，"符号–功能"的品牌识别就真正建立起来了。符码选择也就是品牌的价值筛选过程，每一个符码都代表着某些文化元素，不同符码排列机制的差异，就形成了品牌个性和形象。因此，符码筛选是一个艰难的抉择过程：符码的单一化，或者过于贫乏，会导致价值延伸的困难；而符码的杂糅和滥用，则导致品牌个性的丧失，并最终失去顾客的忠诚。无论如何，符码筛选的过程，是一个需要深思熟虑的取舍决策过程。品牌的符号系统是广泛而杂多的，在"民族的"、"区域的"、"生态的"、"异质文化的"、"异域风情的"、"高格调的"、"健康的"、

"环保的"、"珍稀的"、"传统工艺的"、"时尚的"等符码指称范围内，哪些才是最为核心的，哪些是次要的，哪些是无关紧要的，要做出判断，提炼结论，这不是拍脑袋就可以决定的事情。当然，符号学意义上的品牌培育，也是建立在社会认同的基础之上的，因而，对社会心理的考察亦显得相当重要。

（二）品牌定位的社会心理基础

品牌定位的直接目的在于确立它的独一无二。稀奇也许是品牌的一个方面，但并非所有的品牌都向着"稀奇"的方向发展。如果离开了大众心理认同的基础，品牌的符码架构和意义寻求就会落空。对社会心理的深入研究和探讨，是品牌精准定位的必要环节，它决定着"消费者欲求"与"品牌承诺"的一致程度。熟谙消费者心理，是挖掘、开发"消费群"、拓宽"消费圈"的有效措施。大抵来看，个体心理和群体心理分别在品牌效益优化的过程中起着不可替换的作用：个体心理引导着消费者个人的理性消费行为，而群体心理更多地把消费引入一种潮流和狂热。两者之间相互制衡，此消彼长。企业要在权衡度量中获得最大效用，是需要非常智慧的。此处谈论"社会心理"，兼顾上述两个方面。

1. 猎奇。奇异性是丰盛社会或者进入丰盛状态的人们所追求的消费物的特征。尽管那种认为"'靠人们基本的物质需求拉动的经济增长，显然已经没有后劲'，[1]指望依靠人

---

①晓林，秀生．看不见的心．北京：人民出版社，2007：8．

们的精神需求来拉动的虚拟经济能够拯救经济增长的疲软"的观点并不完全正确，但是，猎奇心理是人们普遍存在的一种个体心理状况，它并不因为人们拒绝承认而不存在。并且，对人们这种心理需求的满足，也的确反映了经济学从"物本"到"人本"的某种路向或趋势。（晓林和秀生认为，"随着人的需求的转向，建立在满足人的全面需求基础上，不断创造虚拟价值的经济活动必然发生；因而，建立在物质需求和精神需求的全面性基础上的虚拟经济学说，也必然会产生，这就是人类社会对人本复归的必然要求"。[1]）品牌的符号生成过程，就应该建立在人们对某些文化符号的猎奇的心理之上。如何体现奇异性，从而不但市场细分成不同的经营主体，而且消费者亦细分成不同的消费群，尽管前者是自觉地、有计划地进行的，而后者是自发的、自然形成的。但是，后者作为对前者的回应，构筑了顾客的极致忠诚。品牌的符号体系要体现出顾客的这种差异化需求，从而"圈定"符号价值的共同体。

2. 跟风。"行为是可以相互感染的"。[2]社会心理学家设计了一些关于群体心理与社会压力的实验，"受暗示性"是一种微妙的从众。实验表明，在下列情况下，从众现象会增加：个体感到力不从心或有不确定感，群体的意见基本一致，个体

---

[1]晓林，秀生．看不见的心．北京：人民出版社，2007：10.

[2]（美）戴维·G.迈尔斯．心理学．北京：人民邮电出版社，2006：602.

175

崇尚群体的地位和吸引力，个体的举动可以被群体中的其他人看到，个体所处的文化极力倡导人们对社会标准的尊崇，[①]等等。在这些情况下，跟风使个体及时逃避了独树一帜的各种风险，而在"群体"中弱化了风险程度。消费者的跟风亦是如此，它的表现形式是潜移默化的。在品牌坐标定位的过程中，需要了解社会风向，善假于物。荀子在《劝学篇》中曾经说过："登高而招，臂非加长也，而见者远；顺风而呼，声非加疾也，而闻者彰。假舆马者，非利足也，而致千里；假舟楫者，非能水也，而绝江河。君子生非异也，善假于物也。"市场营销就是要有效地"呼风唤雨"、"兴风作浪"，最少也要能够"随风起舞"、"迎风飘扬"。跟风是消费者从众心理的行为表现，如何深入领会"从众"心理的构件，并恰当地利用，是品牌建设的一个重要任务。另外，对"权威"、"话语领袖"、"榜样"的"服从"，也是跟风产生的重要原因。从众是"多数人的暴力"，是"一"被"多"同化；服从是"少数人的专权"，是"多"被"一"征服。在符号学意义上，跟风效应标志着符号价值链接机制的广泛认同。品牌定位就是符号设计要能够准确预测"东风"。

3.炫耀。早在商业形成之初，珠玉珍宝就成为人们炫耀性消费的对象。在我国，直到春秋战国之时，"商业还主要是以迎合统治者的奢侈消费为急为先"。就连城市手工业，也竞相

---

①（美）戴维·G.迈尔斯.心理学.北京：人民邮电出版社，2006：604.

生产"悦在玩好"的奢侈品。[1]炫耀是人性深处之劣根，然而，在合宜的范围内，它又促进了人们的上进心和创造力。有些消费者购买一件东西，并不是为了这件物品的功用，而在于显示其地位、财富、身份或者其他，甚至商品价格越贵，越能受到追捧。制度经济学家凡勃伦称之为炫耀性消费，而此类商品，后人称之为"凡勃伦物品"。在心理学上，炫耀本身就是一种符号性的活动，它意在建立一个不平等的阶层社会，从而明确地划分出自我的个性和独尊。只要特定的符号系统和识别机制能够足以创造社会的"精英"阶层，那么，这些符码就会受到顶礼膜拜。

4. 玄幻崇拜。弗洛伊德的"心理决定论"这个词表明他坚信人的行为主要是由本能的力量或驱力来控制的，如果这些驱力未受抑制的话，那么它们就可能最终导致在社会上使用不良的行为。[2]玄幻崇拜指的是在理性未能提供给人们清晰明确的知识，因而人们对玄幻的、神秘的东西充满非理性的崇敬。这种崇敬成为人们行为的某种内驱力，它就像着魔一样，使消费者坚持对那些传承的、非科学（然而不一定迷信）的、非现代的东西表示极大的兴趣。迈耶和萨门认为这是未曾"社会化"的本能驱动所造成的不可避免的紧张。玄幻崇拜说到底就是对现代社会理性至上的反思和重新定位。大卫·格里芬认为："传

---

①吴慧.中国古代商业.北京：商务印书馆，1998：30.

②（美）罗伯特·G.迈耶，保罗·萨门.变态心理学.沈阳：辽宁人民出版社，1988：23.

统观念认为，科学是追求真理的，只有真理才能给我们以真相。现在，在某些领域已经被相反的观念取代。新的观念认为，科学既不能给我们以真理，也不能探求真理。"①因而，世界重新"返魅"，人们对神秘性表现出了如同前工业文明般的痴迷。这是对科学和人类理性的怀疑所造成的结果。在符号学看来，这种科学理性在某种程度上的被质疑，而新的符号体系在返魅过程中被构建起来，同样是一种意指关系的确认。在品牌定位上，就是一种"想象力的留白"。

（三）品牌定位的误区

品牌定位基于上述社会和个体心理的前提，但是，在符号体系建构的过程中，企业战略专家往往也会犯下一些浅薄的错误。主要原因就在于，对符号的文化逻辑和社会心理基础不能恰当地桥接起来，从而造成符号化的失败。在符号学意义上的品牌定位，主要有如下可能的错位或者失误，它直接导致品牌培育的溃败。

1. 未编码的符号与品牌承诺。消费者行为必然基于某种社会或者个体心理，而心理接受机制需要符号化的解码和重新编排，亦即人们对符号系统的文化要素的需求范围，需要在实际的时空中进行确认。品牌定位的时候，对社会心理和需求进行符号学解码，指认和细分人们对各种文化因子的需求状况，

---

① （美）大卫·格里芬.后现代科学——科学魅力的再现.北京：中央编译出版社，2004：12.

这一点是大部分企业在架构企业战略时会予以考虑的。但是，如何才能够（符合文化逻辑）使解码了的文化要素重新耦合成为一个有机的系统，从而符合人的完整需求，则是一件非常困难的事情。恰恰在这一点上，企业的品牌战略，也就是它们做出的品牌承诺，因为不能在实际的符号系统和识别机制中得到映现和兑现，从而失去了顾客的忠诚。品牌承诺指的是"当前的或潜在的顾客使用或体验某一品牌的产品或服务之后渴望从功用上和情感上获得某些利益，这些利益的本质就是品牌承诺"。[①]品牌承诺作为品牌内涵的某种主张，它是一种心理契机，而在品牌符号体系的逻辑生成过程中，它指向一种恰如其分的"符号－功能"衔接。如果实际上的品牌符号体系是松散的，它未经编码，也就是说，它还不是上述衔接的自然结晶，那么，品牌承诺就无法兑现。企业品牌的困境就在于"产品"的"科学内涵"（物质性）与"商品"的"世俗内涵"（文化性）的桥接需要一个完美的表达系统，而这个表达系统，也正是符号学所遇到的前所未有的难题。

2."临时协议"与品牌认同。马特·黑格把品牌分为名人品牌、负责任品牌、产品多样化品牌、感性品牌等许多类别，当然，它缺少一种分类的一般标准。但是，它提到了一个概念，"始终如一品牌"。他说："一些品牌采取了不同的方式，他们没有疯狂地每隔几周就变脸，而是始终如一地维持最初的品

---

① （美）杜纳·E.科耐普.品牌智慧——品牌战略实施的五个步骤.北京：企业管理出版社，2006：13.

牌识别。这样的始终如一产生了熟悉度，进而产生了信任感。这些品牌不投机取巧，它们想要建立长久的关系，并承诺忠于它们的核心价值。"[①]就一般而言，品牌建设往往因循"百年老店"的历史渊源，从而增强了品牌的厚重感。遗憾的是，新兴企业等不到企业品牌的稳固化和广泛认同，就自行崩溃了。过于看重眼前利益是企业投机取巧的重要原因，它企图通过"符号－功能"的临时协议来完成自身的使命。这完全违背了符号文化逻辑的时间向度。符号的文化价值和意义承载，需要以"时间"换取"认同空间"的扩大，罗马不是一天建成的，品牌认同的轰炸战略通常会失灵，就是这个道理。就算不实行"临时协议"似的符码编排方案，在愿景战略方面，亦当融汇时代新鲜血液，使品牌的历史感不至于腐朽。这样，才能创建企业的真品牌。

3. "认识阈限"与无限延伸。符号不是万能的。"玩虚的"不是符号学逻辑下品牌定位的真谛。符号体系生成为品牌识别系统，这不是一个形式主义的构图设想。它的逻辑架构在于符码与意义的指称关系的生动与适宜。生动的意指关系是品牌与商品（服务）铆合的有效路径，而"适宜"则是为符号系统设置阈限、疆界、限度、边界，不至于因为符号泛化而湮没了品牌承诺的真相，使品牌的符号"真值"隐而不显，瓦解了顾客对品牌的信任。培育品牌就是创造顾客价值，使消费者在产品

---

①（英）马特·黑格.品牌的成长.北京：九州出版社，2006：183.

和服务中体会、享受到真品牌的价值和尊贵。符号在什么意义上、在什么程度上、在什么范围内具有延伸价值、创造价值的功能？对这个问题的回答，区分了品牌定位上的投机派和务实派。前者无限夸大符号的价值与功用，而后者比较重视符号价值的承载方式，以及这种承载对顾客的实惠到底有多大。无限延伸势必导致浮夸和虚妄。符号泛化使品牌本身的差异性、认知度直线下降。品牌一旦变成无所不能、无所不及的文化箩筐（各种文化因子堆积），也就失去了真品牌的属性。

（四）结论或展望

品牌定位的路径有很多，从符号学视野来定位品牌，是（在这个号称"广义虚拟经济"的时代）企业所应该考虑的。它确立了一种视角，启发了某种方案。对于符号体系生成的文化逻辑和社会心理的重新整合，是在社会心理学和符号学的熔融中得到理解的。它明确指明了品牌定位应该有社会化符码体系的基本前提。品牌识别系统基于符号的社会认同水平和广度，越是社会化程度高的符号系统，越是能够在品牌定位中映现正确的市场真相，而越是社会化程度低的符码系统，对品牌培育的成本节约越会形成巨大的阻力。

符号是可以生产的，符号体系是可以不断建构和重建的。但是，文化逻辑和社会心理的一般趋势则有其自身的机制，漠视这一切的结果是品牌的"空心化"或者庸俗化。"符号描述和编码"意在创建一种意义体系，而"寻找意义"始终是消费者行为的内在动力。或为夸耀、或为存在之确认、或为生活之必需、或为情感之嫁接，等等，每一个符号的意义，都在社会关系中生成。而这种社会关系，因为投机而使符号的意义走向反面，因为自我约束而使符号体系成功过渡到意义体系；从而在商家，连接了生产、服务和价值创造；在消费者，则连接了购买、丰盛和自我的实现。很明显，前面说到的现代社会的需求的"向内转"，即转向心理需求的观点是有一定道理的，从而再次确认符号学视域品牌定位的重要意义。

民族医药品牌的生成是一个宏大的问题，一般在战略上对其做出解读或和建构。然而，正如前面已经阐述的，如今是一个"大品牌"的时代，品牌意识应该贯穿于产品生产、交换、消费的全过程。只有在"过程"中才能把捉到品牌的本质，对品牌"成就梦想"的浪漫主义宏旨就不再感到莫名其妙。真正的品牌正是在生产、流通、消费的全过程中都将品牌视为自己的生命力，换句话说，亦可称之为"品牌力"。从前述内容能够看出，品牌力乃是"大品牌"思维主导下，优质品牌的影响力和生产力。

第五章　民族医药与品牌价格

　　产品价格是市场营销中最为敏感的要素。追求物美价廉几乎是消费者一致的心理诉求。尽管时代的发展对"物美"有着更多的诠释路径，但是对"价廉"则保持了基本的格调。诚然，现实生活中也有追求"物美价贵"的特殊例子，在物质丰裕的社会，这种例子并不少见。正因为这样，目前的定价策略就变得更为扑朔迷离，难以取舍了。价格控制可能是民族医药市场营销中最难以控制的环节，然而也是最关键的环节。定价策略的科学性和适宜性直接关系到经营的可持续性和利润率。经营成本与利润率的计算是简单的定价机制和逻辑关系，现代市场的困难之处在于定价策略的好坏直接关系到企业的竞争力：并非价高或者价低就能在市场竞争中取胜。也并非从生产、营销成本与利润率视角进行计算就能得出相对合理的价格。

　　一般来说，影响市场定价的因素主要有产品成本（包括边际成本和机会成本）、市场需求（包括需求价格弹性、需求收入弹性、需求交叉弹性）、企业定价目标（着重考虑利润、市场占有率、预期收益率、应付竞争、维护企业形象）、国家经济政策（包括行政、立法、经济调控）等。由此决定了企业的一般定价法，它必然性地包含成本导向法、需求导向法、和竞争导向法。[1]而对于具体的定价策略，则有新产品定价策略（高价策略、低价策略、中间价格策略）、折扣与让价策略（现金折扣、数量折扣、交易折扣、季节折扣、推广让价、旧货让价、运费让价）、心理定价策略（非整数定价、整数定价、声望定价、分级定价、招徕定价、习惯定价、组合定价、跌价保证）、地理定价策略（产地定价、销地定价、津贴加运费定价、统一交货定价、分区送货定价、基点城市定价）等，根据定价策略还可以在实际运营中不断修正和调整价格。[2]各种教科书上有关定价的原则性说明无疑是可行的，在民族医药市场的实际经营过程中同样要遵循一般的守则。

但是，本书并不希望在这些常识性问题上做过多的论述，转而寻求本书一贯倾情于其上的文化基点来论证民族文化的整体性影响对民族医药市场营销的决定作用。定价策略的好坏是能否彰显文化格调的重要举措。如果不能做到价格与民族医药品牌的匹配，而用一般的竞争原则、成本原则、市场占有率原

---

①王资.市场营销学.重庆：重庆大学出版社，2004：157-169.

②柳思维.市场营销学.长沙：中南大学出版社，2003：293-301.

则来衡量和决定民族医药品牌的价格，将会使高大上的民族医药品牌变得灰头土脸。这种自动降格并不能获得消费者的怜悯，相反会使人们自觉将民族医药品牌与那些机遇现代科学而诞生的医药品牌放在同一评价机制上。这个同一评价机制使民族医药产品失去应有的竞争优势，在科学化和精准度上追问产品的成分和药理，在产品成本上权衡产品价格的合宜性——这样一来，民族医药品牌的全部个性就淹没在医药市场营销的普适性原理之中。

对于本书来说，在品牌定价方面采取如下论述顺序和选择如下内容是比较妥当的，也是民族医药市场营销和品牌建设理所当然要钻研的功课。第一部分主要论述民族医药品牌价格生成因子分析，探讨民族医药品牌的价格到底由什么来决定。第二部分是实际营销过程中应当注意的一些事项，也就是民族医药营销竞争及其攻防策略。在市场竞争中取得比较优势是非常重要的，那么，比较优势来自哪里？低价或者高价，这些二分法的思维方式在民族医药市场营销看来都是行不通的。第三部分是从品牌价格的合宜性与品牌认同之间的关系入手来探讨品牌价格问题。品牌价格不是单一性的定价问题，在前述"大市场、大品牌、大消费、大营销"思想的指引下，我们能够明显感受到品牌价格是对消费者的个性化心理介入、是对品牌文化的自我确定程度、也是对营销系统机制的认知程度。如此，则民族医药品牌的定价问题，归根到底是民族医药的品牌确认问题，而品牌力是产品的影响力，也是企业的生产力，故而民族医药品牌的定价问题乃是事关企业生死存亡的大问题。

第一节　民族医药品牌价格生成因子分析

　　民族医药品牌的价格定位要准确是一件很复杂的事情，其复杂性主要来自民族医药文化的"正干扰"。民族医药文化使民族医药品牌成为一种以治疗和养生为目的的医药产品的同时也成为一种以传承和发扬民族文化为目的的文化品。如前所述，一般商品的定价策略有一系列业已成为规范性文件的依据，而民族医药品牌缺少这样的规范性文件，至少可以说这样的规范性要求对民族医药产品的定价并不适用。奇异性、公平性和利益性是民族医药品牌定价策略的基本出发点，民族医药品牌由于原材料的稀缺、配方的保密性、品牌的再造性等而使其价格生成机制与一般医药商品不同。如果不采取"返魅"、"歧视"、"符号化"等方式，通过规范定价路径，则民族医药品牌建设可能会难以为继。

　　医药产品价格形成机制中，对其影响较大的因素有国家政策、商品价值、供求关系、消费者行为等。目前，国内医药产品价格的形成方式有三种基本类型：指令计划、基准指导、市场调节。①指令计划价格形成方式下，企业完全没有定价权；基准指导价格形成方式中，企业在国家指导价基准线上下可以自由浮动，但受到波动幅度限制；市场调节价格形成机制中，企业可以根据医药产品自身的特点、成本、供求关系、产品营销阶段等，采取灵活的定价策略。民族医药品牌建设是自由经营体制的结果，其价格生成机理遵循市场准则，同时，民族医药品牌价格调适与决策还依循医药行业本身的规律。

（一）民族医药品牌定价策略传统

从经验看，民族医药品牌定价思路总是基于产品的奇异性，交易的公平性，品牌的增值性。药企一般采取其中一种或者几种传统思路（及其综合），对民族医药产品进行定价。

1.奇异性——模糊定价。企业认为奇货可居的时候，会导致价格畸高。现代生活以及医药卫生保健，消费者偏好于猎奇，对各种新颖、时髦、潮流的产品迷信盲从。民族医药产品，尤其是保健品，对于迎合消费个性，彰显消费者身份与地位，具有得天独厚的优势。很多民族药企，正是从这个角度出发，催长了民族医药产品的价格。

2.公平性——精确定价。经典的价格理论认为生产成本是产品价格的主要衡量因素。事实上，一些传统思想比较浓重的企业依然会通过精细的成本核算、利润预期估算等，进行民族

---

①冯国忠.医药市场营销学.北京：中国医药科技出版社，2006：274.

医药产品的合理定价。公平性讲究买卖双方的互利互惠，而在医药产品价格策略上，除非药企自愿遵守这个原则，诚信经营，否则，在信息不对称的情况下，不可能依靠社会监督取得理想的效果。

3. 利益性——混合定价。离开利益谈论商业理论，只会使思想丢丑。成本核算定价能够使药企完成简单再生产循环，然而对于（内涵式）扩大再生产和民族医药品牌建设，它并不起决定性的作用。为此，药企需要遵循"综合权衡，文化赋值"的原则。民族医药品牌建设既是传统医药文化产业化的必然要求，也是医药产业文化化的必然要求。文化产业化和产业文化化如此紧密地融为一体，从长远利益出发，就必须对文化赋值——而这正是广义虚拟经济时代价格策略的神秘性所在。

（二）民族医药品牌价格生成因子

民族医药品牌价格的形成机制遵循上述原则，并在此传统中抽取出价格生成的因子，按照某种理性的（有时候也是非理性的）逻辑形成民族医药品牌最后的价格构件。在构成民族医药品牌价格的各种因素中，以下七个方面起到主要的作用，成为基本价格因子。

1. 药材稀缺性。民族医药产品往往需要特殊药材进行加工，而这些药材仅限于某地、某时生产，并且对种植和培育有气候、土壤、湿度等各方面的限制。药材稀缺导致品牌规模受到限制，它促使奇异性定价思路的产生，同时在预期利润额度较高的情况下，自然导致价格畸高。

2. 配方神秘性。普通配方和保密配方对于民族医药品牌的价格会造成极大的差异。配方的神秘性会形成技术壁垒，无形中阻止了企业进入竞争市场。很多医药企业往往热衷生产几百年祖传秘方的民族医药保健、医疗品牌，就是因为技术垄断带来超额利润的诱惑。配方的性质成为民族医药品牌价格生成的重要因子。

3. 功效独特性。毋庸置疑，民族医药产品中的确有一些功效独特、无副作用、使用方便的品牌产品（如某些藏药、傣药）。独特的治疗机制和药理病例发生机制增加了民族医药品牌的功用性价值，而这也同时成为价格战略的重要筹码。

4. 文化潜在性。如果说独特的功效是民族医药品牌提供给消费者的功用性报偿，那么，品牌潜在的文化消费则是民族医药品牌提供给消费者的心理情感报偿。而独特的功用和情感体验正是"真品牌"的特征。价格成为效用价值的时候，价格的制定者就会考虑为心理效应进行价格赋值。民族医药品牌体现着民族文化的交融性与独特性，在传统与时尚、民族性与世界性的参照系中获得特殊的价格影响力。

5. 流通障碍性。民族医药品牌的生产区间具有地域独特、处所偏远、交通不便、言语不通的特点，它们导致了产品流通成本的急骤上升。而生产场地转移则会造成品牌信赖度的降低，同时，原材料的流通丝毫不能降低生产成本总量。因此，流通障碍是民族医药品牌建设中很难克服的硬伤，也是民族医药品牌价格偏高的原因之一。

6. 品牌再造性。民族民间医药资源丰富，但有广泛营销基础的知名品牌不多。民族医药品牌建设其实是一个品牌再造的过程，它依赖于知识营销的成功与否。对民族医药产品的深度开发和品牌传播，是一个十分缓慢而必然消耗大量前期投资的孕育过程。这些消耗和投入，必将体现在民族医药品牌价格之中。

7.市场专门性。民族医药品牌目标市场在短期内非常有限，开拓新市场成本高昂，需要知识营销和学术营销跟进。如果一般商品市场是一个"大众传播——大众消费"的关系的话，那么，民族医药品牌则是一个"大众传播——小众消费"的关系。品牌传播投入和消费者吸纳的局限，使得民族医药品牌建设不得不在价格上殚精竭虑。

（三）民族医药品牌价格策略

价格在医药市场营销中的多元影响，使其成为利益相关方极为敏感的制衡要素。民族医药品牌价格策略对药企的兴衰成败和整个民族医药市场的繁荣与否具有重大的意义。

1.民族医药品牌价格生成原则

（1）返魅。无论是现代自然科学还是社会科学，对于神秘性的祛除，它们具有同样大的野心。"祛魅"，自近代以降成为科学追求精确性、明晰性的旨归。医药产品在生理科学、医药科技和病理科学的发展中逐渐还原出它的科学本真。然而，与此相反，民族医药品牌产品有必要保持一定的神秘性，在现代医药市场中保留"魅化"的身份。这是民族医药品牌价格策略所应该持守的基本原则。当然，科学本身的局限，亦使民族民间传统医药的"魅"力不减，神秘性既是某种程度的必要性，也是实然性。

（2）歧视。即差别对待。价格歧视是灵活定价，追求利润最大化的有效手段，何华征博士称之为"隔离营销"。①它仅仅是差异定价的一种表述，它的经济伦理相关性不是很大。价格歧视既可以分为深层歧视、浅层歧视，又可以分为产品歧视、顾客歧视。民族医药品牌价格生成机制中既有基于产品品质的浅层歧视，也有基于符号构建的深层歧视。既有面向产品成分、科技构成的歧视，也有面向顾客身份、特征属性的歧视。价格歧视的目的在于尽可能分别获得各个消费者的最高成交价格。

（3）赋值。民族医药品牌的价值在于除了功用上的一般效应以外，还有前述之文化潜在性。文化赋值是一种经营策略。民族医药品牌需要对其中所蕴含的养生理念、民族风俗与禁忌、文化传承、生态传统等进行赋值。这些包含着品牌个性的文化因子，直接成为品牌资产的强力支撑。文化赋值远比生产成本核算困难，它在企业的不同发展阶段具有不同的意义。

（4）造势。"势"是一种能量，它借以形成品牌的高度。"造势"既需要传统意义上的广告，也需要全方位的渗透：学术的、常识的知识普及和拓展，新的消费潮流的推动与引导，创造新的需求、激发生态等欲望，以及事件的引爆。造势成为民族医药品牌价格生成的催化剂和膨化剂。"势"可以取得高于传播成本的超额利润，在价格上取得优先权。

2.民族医药品牌价格生成路径

---

① 何华征 . 域内文化冲突与市场营销终端客户管理 . 中国流通经济，2012（7）.

民族医药品牌价格生成在遵循上述原则的前提下，就能够避免陷入与常规医药产品同台竞技的局面。同时，应该有差等地在以下两个路径上权衡定夺，以免在差异性、公平性和利益性方面偏执一端。

（1）符号分层与身份辨认体系。现代社会已经把丰盛、健康、养生、躯体化、意义等纳入自己的体系。民族医药从"产品"向"品牌"的华丽转身，正是现代性的标志。消费社会已经不满足于物的功用性价值，而热衷于寻找符号价值及其象征性。民族医药品牌建设中关涉极大的生产、流通、推广成本的高昂，只有在符码化的过程中才能找到成本代偿的路径。民族医药品牌除了在人们的健康卫生保健方面理应有所作为之外，在社会符号分层方面应该坚持自己的原则，它促使民族医药产品转向品牌建设。符码系统是品牌识别系统的重要组成部分，它和消费者身份辨认体系一起构成消费社会中民族医药品牌的市场景观。消费就是身份确认，就是意义确指——这是躯体化的要义。[①]而躯体化的符号分层正是前述价格生成原则的整合利用，是确保民族医药品牌资产价值增值和市场比较优势的法宝。在这个体系中，民族医药品牌取得了定价的灵活性和心理价格的高段取值。

（2）成本综合与规范精细管理。上文已经提到民族医药品牌建设是一个品牌再造的过程，并且由于文化潜在性而需要

---

①何华征. 鸿沟还是桥梁：网络经济的道德哲学批判. 商业研究，2012（5）.

对其合理赋值。当然，民族医药品牌本身不应该作为文化产品来对待，它是产业文化化的成果，而不是文化产业化的结晶。因为它本身不具有文化产业的基本特征：产品的精神性、消费的娱乐性以及产业的依附性。①但是，不能因此而忽视了文化赋值的价格优势。同时，民族文化资源的过度丰富导致沟通成本的增加，品牌推广费用飙升。在民族医药品牌定价策略中，广告费用、文化沟通成本，各种导致产品成本上涨的要素需要综合考量。在广义虚拟经济时代，品牌管理和价格管理的交融直接挑战着高层决策的智慧。成本综合就是要兼顾物质成本和非物质成本，并使各种抽象投入（文化投入）具体化、精细化，从而在价格生成中有章可循，避免盲目性。

（四）展望与隐忧

1.品牌优势与规范定价的冲突。本文探讨的民族医药品牌价格生成机制的适应范围主要倾向于市场调节价格的产品。民族医药如何培育和确保品牌优势？这是一个十分棘手的问题。在文化产业化和产业文化化的纵横交错中，规范定价如何可能？而一旦民族医药品牌规范化定价成为现实，那么民族医药品牌还有生存空间吗？它的利润来自哪里？价格自主和产业"附魅"，一定会导致价格畸高和非理性发展吗？从"非必需性、文化性"的视角来看，民族医药品牌具有的"仿奢侈品"

---

①朱李思屈.文化产业概论.杭州：浙江大学出版社，2007：8.

属性，使它的潜在市场处于永久的"半饥饿状态"，从而对高价位具有先天的亲和力。[①]

2."化魅"与"魅化"的冲突和协调。现代科学要求探讨药理、病理机制，揭示民族医药品牌的效应发生机制，即"化魅"；而品牌保护与永续发展则在一定程度上需要"魅化"——持续的神秘性，甚至营造神秘性。"魅"成为民族医药品牌价格生成的黑箱。两个相反的方向如何取得均衡？这是民族医药品牌建设良性发展的基础和前提。可见，价格生成机理与价格生成因子的分析与合理利用，是民族医药品牌建设的核心内容之一。

---

①张慧超，邱学月，赵洪珊.奢侈品营销策略简析.山东纺织经济，2012（3）.

第二节　民族医药营销竞争及其攻防策略

　　医药营销的竞争压力一般认为来自价格竞争，而价格竞争又几乎被等同于"低价格"竞争。这是医药市场竞争中的一个显著现象，它隐藏着医药市场营销的重大痼疾，是当今医药市场逐渐趋于非理性竞争的重要原因。民族医药市场竞争参与到整个医药市场的竞争中去，同时也被这种营销环境所座架，称为低价竞争中的牺牲品。低价竞争的恶果是显而易见的：民族医药产品在低价竞争中为了获取平均利润而不惜偷工减料，或者在延展性服务上松懈怠慢。这里讲民族医药营销竞争及其攻防策略置于"民族医药与品牌价格"的大框架内进行论述，其用意在于揭示这样一种医药市场营销的新思维：尽管市场竞争的掣肘在于价格竞争，然而价格竞争不等于低价竞争。差异化价格竞争与品牌建设是融为一体的。只有在"大品牌、大营销"的经营理念下，价格竞争才能获得体系性构建的补益。

　　民族医药市场营销的竞争环境日益恶劣，这种恶劣与它的广阔前途是相并存在的。因为民族医药市场的潜力巨大，试图在民族医药产业当中分取一杯羹的资本集团相对增多，而资本集团利用手中的巨额资本展开自己的价格攻略。惯性思维告诉我们这样的道理：在自由竞争状况下，低价是获得市场占有率的有效途径，而市场占有率是企业维持生存的必要前提，只要获得了绝对优势的市场占有率，那么，相应的企业就会在竞争中获得潜在的胜利。尽管这种胜利指望在其获得觉得垄断地位的时候才能生效，但是，许多资本集团自信它们有能力在一个资本流动性相对较小的领域取得胜利。然而，资本集团之间的较量封闭了资本集团之间的力量信息，在近乎"无知之幕"的信息空洞中进行你死我活的价格竞争，直接导致的结果是长期内整个行业的土崩瓦解。资本集团相信这就是投资所必然带来的风险，然而这个风险挫败的不仅仅是广大中小企业的生产积极性，更重要的是一些独具特色的民族医药品牌可能卷入这场风波而遭遇灭顶之灾。

当我们探讨民族医药企业经营竞争的时候，并不主要论述医院和其他医疗机构的捆绑式经营，这对于市场营销来说，需要相关政策的支撑以及相关部门的联合。况且，在政策范围内展开医院营销所要遇到的困难和麻烦是接连不断的，尽管它的利润率在被分割的情况下依然很高。此处谈论价格竞争与市场竞争纯粹正对社会药房和消费者自主消费〔在医药消费上，自主消费和被动消费是两个完全不同的领域，自主消费是消费者通过相关知识的获取，并在这种知识的指导下主动追求养生保健，并增加药物性的产品消费（包括保健食品）；而被动消费则是人们在医生的指导下为治疗和预防某种疾病而不得不服用／消费某些医药产品和医疗器械〕。本书所讲市场营销的环境乃是主动性消费的营销手段和营销策略，而本书关于民族医药市场竞争的前提亦是指主动性消费市场的竞争。

（一）价格竞争的研究综述

价格竞争是市场营销竞争的内核。将价格竞争简化为低价策略是低级竞争阶段的现象，随着竞争向纵深发展，以价格竞争为轴心的竞争体系将会在更大范围、更高层次上展开。目前国内对医药营销价格竞争的论述主要集中在如下一些方面：

1.医药营销的价格竞争现象。封进和余央央认为，"由于医疗机构在经营管理方面责权利的不统一，使得医药和医疗机械领域的竞争并非表现为价格竞争，而以营销竞争的方式为主"。[①]他们认为，医药企业竞争被转化为价格竞争，价格竞争被转化为营销竞争。其实，在这里，营销竞争不是价格竞争的表现形式，相反，价格竞争是营销竞争的手段。从而作者将手段与目的颠倒了过来，是不妥当的。肖辛垣和罗玉川等人认为，"在当前激烈竞争的生存环境下，经过以价格竞争为主要手段的竞争，其特征化表现是平价药店的逐渐消失，药店之间的价格落差已经不大，特色化经营成了医药连锁药店能否发展壮大的关键因素。……对于药品零售业来说，只有实施GSP管理，扎扎实实地对药品经营的全过程进行严格的质量控制，不断完善和发展企业自身的质量体系，才能做到与时俱进，与

[①]封进，余央央.医疗卫生体制改革：市场化、激励机制与政府的作用.世界经济文汇，2008（1）.

国际标准接轨，才能不被市场所淘汰"。①郭莹等（2006）就在《我国医药企业的品牌战略研究》一文中指出，"缺乏品牌及现有品牌影响力低是我国医药企业品牌的现状，这主要是因为我国的医药市场竞争环境还停留在价格竞争、广告竞争等初级层次上。"价格竞争是营销竞争的主要手段，而对于医药经营来说，则不应该成为最主要的途径。"营销"与"经营"的不同之处在于前者的主要任务是成功促成产品交易，而后者的主要任务则是促进企业利润与行业利润的增加，并恰当地为社会事业作出应有的贡献。

2. 价格竞争的实质是供应链竞争。蔡立辉在《医疗卫生服务的整合机制研究》中说某"中心""利用快捷的信息管理系统、购配送系统和完善的货币结算系统，借助专业货仓平台，将医药、器材从传统简单的价格竞争提升到专业整体物流服务价值链的整合，为各医疗卫生机构提供'一站式'采购服务"。②价格竞争转化为供应链竞争，这种说法有一定的科学性和现实性。供应链竞争说到底是营销成本的竞争，快捷、低廉的产品流通渠道是医药品牌取得市场竞争优势的重要途径，是医药企业在市场营销与策划中应该考虑的重要问题。汪澜在《医药企业营销渠道创新》（2011）中说，"在供过于求、竞

①肖辛垣，罗玉川，罗金玉，等．实施GSP提升医药连锁药店的核心竞争力．中国药房，2009（10）．

②蔡立辉．医疗卫生服务的整合机制研究．中山大学学报：社会科学版，2010（1）．

争激烈的市场营销环境下，传统的渠道存在着许多缺点，具体表现为：首先，多层结构有碍于效率的提高，且臃肿的渠道不利于形成医药产品的价格竞争优势"。黄晓喆（2010）认为，"医药物流的成本对其药品的竞争力产生较大影响，价格的竞争促使医药企业对第三方医药物流的需求"。丁勇（2007）认为，"面对激烈的市场竞争，通过构建区域医药物流产业集群，实现医药供应链战略联盟，将使国内医药企业摆脱以'价格战'为主的低水平竞争，充分发挥以业务为其核心竞争力，减少流通成本，在竞合理念下实施战略联盟，实现规模经济和规模效益，同时，也使医药物流产业逐步发展为第三方物流"。供应链的竞争实际上不仅是医药产品竞争的焦点，也是其他领域市场营销竞争的着力点。不过，民族医药企业在这方面应该有更大关注度，因为民族医药生产企业往往远离主要目标市场，其商品流通需要更多的环节。

3. 价格竞争与利益博弈。金碚认为，"在医药价格形成上要尽可能具有实现均衡价格（或所谓'合理价格'）的竞争关系，要高价和要低价的各交易方具有大致相当的动力强度和议价能力，或者受到大致相当的约束"。[1]褚淑贞也对医药价格竞争与利益相关方博弈的问题作了较为系统的研究。[2]价格竞

---

①金碚.医疗卫生服务："具有社会公益性的经济私人品".江西社会科学，2009（3）.

②褚淑贞.从博弈论看价格竞争及对策研究.山西财经大学学报，2004（4）.

争本质上也就是一种竞争各方的博弈，之所以成为博弈而不是"死拼"，是因为竞争各方对对手的实际情况只能从表象予以估计和揣测，竞争对手的真实情况相互之间并不知情。从利益博弈的角度来看，它合符人们追求偶得性高风险收益的经营心理。医药产品的价格竞争不仅是相同产品之间的竞争，随着医药功能区的划分，医药产品之间的竞争表现在功能区之间的竞争，也有功能区之内的竞争。所谓功能区之间的竞争，指的是不相同疗效的产品之间的竞争，而功能区之内的竞争则是指相同或者相近功效的产品之间的竞争。这进一步造成了民族医药产品竞争的复杂性。此外，还涉及相关利益方的竞争问题，比如药商、社会药店、医院、相关职能部门等。

4.价格竞争与市场诚信。价格竞争可能导致不诚信，通过价格欺诈获利是一些不法商家常做的事。这种不诚信的价格欺诈行为并非价格竞争本身导致的，不是说因为有了价格竞争，就必然出现价格欺诈。价格欺诈与价格竞争之间不存在因果关系，然而，我们的一些研究者似乎认定价格竞争与价格欺诈行为之间有着某种内在联系。曾勇说："完善医药企业信用评价体系在非价格竞争日益成为企业核心竞争力的今天，良好的信用是企业生存和获利的宝贵财富。"[1]这一点毋庸置疑是正确的。不过，祝眉娜和李野却说："加大诚信医药企业的收益在非价格竞争日益成为企业核心竞争力的今天，良好的信用是企

①曾勇.试论对虚假药品广告的监管.中国药事,2010(2).

业生存和获利的宝贵财富。"①言下之意是否可以这样认为：价格竞争环境下的不诚信行为是在所难免的，只有在"非价格竞争"环境下"诚信行为"才是可能的？殊知诚信与否跟价格竞争之间并无必然联系。

5.利益方合谋与价格竞争。季树忠在《药品价格管理面临的困境和改革方向》一文中写道："医疗单位与医药企业共同谋取'高折扣、高让利、高回扣'，'高定价、高折扣、高让利、高回扣'的经营模式，导致现在的医药市场竞争，从某种意义上来讲不仅仅是成本的竞争，更是价格促销空间的竞争，差价越大，越具有竞争力。……这既反映了药品流通差率过高等一些问题，也反映了医药市场价格竞争非理性的一面，同时还反映了医药零售市场的价格严重背离价值的一面。"② "扭曲医药市场运行规律引导下的高定价——高回扣竞争……在药品集中采购中表现出来的恶性低价竞争……扭曲的医药市场运行机制与价格竞争机制，导致药品价格三个环节都呈现扭曲状态"。③王宝群（2007）说："'以药养医'机制使医院更愿意用加成获利更大的高价药，而医院又垄断了80%左右的

---

①祝眉娜，李野.虚假药品广告博弈分析.医药导报，2007（25）.

②季树忠.药品价格管理面临的困境和改革方向.价格理论与实践，2005（9）.

③曹建军.当前我国药品价格形成机制剖析.中国物价，2010（11）.

药品消费，导致药价越高就越好卖，所以医药行业的价格竞争和其他行业相反，是逆向定价。"利益合谋是医药产品市场营销竞争的重要权衡点，本领域存在的大量灰色地带使得竞争趋于隐秘状态。利益相关方的权力斗争和营销竞争促进了行业的整体灰色化，这在市场经济环境下显得格格不入。

6. 国际市场与价格竞争。邢花和武志昂等人认为，"主要出口目的地货币持续贬值和人民币的坚挺，使医药类商品出口在价格竞争上处于劣势"。[①]这是从国际竞争的角度来考虑民族医药市场营销的价格竞争的。其实，在国际市场竞争的角度来看，价格竞争是相对次要的，最重要的在于养生保健理念和文化认同的差异。国外对中医药文化的认同程度受到一定的限制，甚至国内某些深受西方科技教育的人亦不乏贬斥民族医药科学为伪科学。在国际医药市场上，通用的化学药剂很容易获得通行的标准，但是中国民族医药则难以获得相应的文化认同和心理接受。外汇市场的不稳定是常态，而稳定总是暂时的。因此，就外汇市场的变动来探讨医药市场的国际竞争，其意义是有限的。在不考虑外汇变动的情况下，民族医药市场进入国际市场，如何降低门槛，并为这种进入确定准则，制定细则，是中国民族医药开展国际业务的前提。若市场进入准则不能为我国相关部门所制定，而是以西方现代医学的视角来审查民族医药的市场准入标准，则会使民族医药的国际市场拓展受到严

---

① 邢花，武志昂，杨悦，石雪. 我国医药出口贸易现状、特点及发展趋势研究. 中国药房，2010（19）.

重限制。

7.价格竞争与医药产业的持续发展。吴航和窦尔翔指出："对于医药经营单位来说，抬高医药价格一方面会刺激医药流通环节的增加，另一方面不利于医药行业的健康竞争。……医药价格虚高的危害医药价格不正常的虚高，不管是对各经济主体还是对国家都会造成不可忽视的危害，我们必须对此加以认真对待：首先，虚高的医药价格降低了人民群众的生活质量，不利于国民素质的提高，不利于国家核心竞争力的提高，不利于经济、社会的可持续发展。"[①]丁勇（2007）认为，"受传统经营理念的约束，我国大部分医药企业在参与市场竞争中往往还停留在以价格竞争为主要手段上，这不仅扭曲了市场机制的调节作用，导致市场无序竞争的现象，也削弱了自身的利润空间，甚至可能对整个医药产业链造成了严重的影响"。丰美月和邱家学（2011）认为，"现阶段我国医药零售企业采取单一的价格竞争方式，企业利润受到极大的挑战"。正如前面已经论述的，民族医药市场营销的重要任务不仅仅是出售商品，而是在远景目标和近景目标的双重管辖下进行的一种特殊营销活动，它不仅关乎人的生命健康，也关乎传统文化精粹的传承，还关乎企业的生死存亡。因而，必须正视民族医药市场营销的价格竞争与可持续发展之间的内在联系。

8.摒弃恶性降价，提倡理性竞争。胡苏云和刘树铎（2001）

---

①吴航，窦尔翔.医药价格虚高的经济学透视.消费经济，2004（2）.

在《中国城镇医疗保障制度改革中的问题与解决路径》中援引案例说明应该提倡理性竞争，他说："成都福利药房的降价，在西南药业引起振荡，由于危及医药和生产企业利益，2001年3月22日，四川省医药公司、成都市医药公司等40多个医药单位与100多家零售药店联合发出了'摒弃恶性价格竞争'的宣言，其主要内容是维护正常药品价格，反对以降价促销为名搞恶性价格竞争。"杜建芳（2007）说："在医药产品日趋同质化的今天，仅仅是价格实物层面的竞争已经无法满足消费者的需求，企业更多地应在消费环境、品牌形象、服务质量等方面进行创新，以拉开与竞争者的差距。"陈湑和梁毅（2001）认为既要加强对药品价格的宏观监管，消除纷繁复杂的行政环节、政策壁垒和地方保护主义，又要放开医药工商企业的手脚，给他们的竞争发展创造一个良好的市场环境并指明方向，有效控制药品价格。理性价格竞争是人们的共同心愿，但是由于部分商家心存幻想，希望通过低价策略获得市场霸权地位、实现垄断，最终获取垄断利润，以至于医药市场价格竞争的过程中乱象百出。当然，这并不意味着反对价格竞争，在市场经济条件下，价格竞争也是必要的竞争手段，在合宜的范围内的价格竞争对各方不但无害，反而有利。

9. 有关价格竞争利好的研究。宁素琴和莫东宁（2007）认为引入竞争"有利于打破医疗垄断和通过市场价格竞争调节医药费用"。吴海侠（2010）也认为，"药店的价格竞争，可以刺激企业提高生产力和创新能力，使企业想方设法降低企业营运成本或提高企业产品的差异化来避免价格竞争，有助于企业综合竞争力的提高，会使本土的医药企业共同到达更高程度的生产力，会比其他地点的企业有更快的进步……适度的药品价格竞争可以迫使作为医药零售行业为降低成本而逐步向上游的供应商压底采购价格，甩掉部分中间环节降低采购成本，这种同业竞争有利于加快药价回落"。价格竞争带来利好局面的呼声一般来自站在消费者立场的观察者。事实上，非理性的价格竞争从长远看是不利于消费者的，因为非理性价格竞争反而使整个行业的利润率低于整个社会的平均利润率，造成大量资本的转移。那么，社会所需要的医药产品将会渐趋缺乏，价格随之可能上升。另外，一旦在恶性价格竞争中胜出的垄断企业掌握了规则和准入门槛的"立法"权，则消费者将长期面临高价医药产品的风险。同时，这种两极分化的结局还不利于医药企业的创新发展。民族医药产业同样如此。

（二）价格竞争在企业竞争中的重要作用

价格竞争是企业竞争的重要手段，一些营销研究认为市场营销中的价格竞争可以采取低价策略、高价策略，或者灵活定价策略，这种认识在于片面地将价格策略当成一个简单的营销手段。价格策略不但影响着其他营销策略的实现，也受到其他营销策略的影响。在市场营销中很难以做到丁是丁卯是卯，因为市场的复杂性决定了市场竞争必然采取组合拳的形式应付复杂的竞争格局。价格竞争在市场营销中的重要作用是非常明显的，那么，其在医药市场，尤其是民族医药市场竞争中的作用表现在哪些方面的？

价格竞争是资本集团的财力竞争。在市场竞争中，资本集团为了取得市场优势而不惜降低价格出售产品，引发价格竞争。

竞争的激发和升级导致了部分资本实力较弱的企业瓦解或者被兼并，大型资本集团最终夺取理想市场份额，直到竞争各方势均力敌，达成妥协；或者个别资本集团明显胜出，最终夺得整个市场，从而形成垄断。民族医药市场价格竞争并非完全是负面影响。首先，资本竞争激活了民族医药市场活力，使更多的资金流入民族医药的研发与经营，从而推动民族医药市场的发展；其次，资本竞争性价格战导致了短期内价格急剧下降，但同时也使超额利润长期受到少数传统企业垄断，使消费能力受到一定限制。尽管一些研究者告诫消费者理性看待价格竞争可能在长期内导致的不良影响，比如价格竞争的最后获胜方因为获得了市场垄断地位而为所欲为，最终使消费者处于卖方市场的情景。不过，更为理智的行为会告诉人们，短期内的非理性价格竞争不会造成不可控的价格见底的状况，而在市场开放的现阶段若要获得某个领域的长期独占地位是不可能的，资本帝国的流动性有如市场本身的变化一样莫测，从而对于消费者来说，的确能够通过适度价格竞争获得实惠。而这种实惠的最终瓦解在当今的市场中并非由于价格竞争的白热化而结束，相反，乃是由于价格竞争的相互妥协和竞争各方的合谋而最终丧失消费者的优惠条件。所以说，价格竞争尽管表现为资本集团之间的财力竞争，但它对消费者的利益是显而易见的。再次，深邃的洞见认为资本之间的财力竞争会导致资本浪费。当民族医药企业成为吸引人们关注和被认为是有利可图的行业时，大量资本争相涌入，这时候生产能力就会超出人们的消费能力。产能过剩直接导致在其他领域的产能不足，这是因为作为整体的社会经济发展状况而言，社会财富的有限性及其整体高度决定了社会进步和人们生活发展水平的最高状态，而这个最高状态受到资本流动范围和分布结构的决定。资本流动速度和分步结构决定着社会发展的实际水平以及人们的实际生活状态。当资本过于集中在某个行业的时候，是对有限资本的浪费，它导致社会其他领域生产能力的不足。人们生活的丰富性和整体水平就会大打折扣。当人们生活的整体水平受限，并且社会发展进步的步伐受阻的时候，民族医药产业就会遇到发展的最大瓶颈。这种瓶颈是来自人们对健康消费的整体需求的崩溃而引起的民族医药市场之釜底抽薪。

在国家制定的竞争准则的统制下，价格竞争将会朝着有利有节的方向发展。民族医药市场的价格竞争出现恶性状况的根源不在于价格竞争本身，而在于企业对价格竞争的正确认识。如果抛开低价竞争的简略形式，价格竞争作为一个系统性的竞争策略，它是有非常灵活的一种市场竞争手段。价格竞争的系统性首先表现为它融入到了市场营销的产品策略、品牌战略、渠道策略、消费者心理介入等许多方面。价格竞争应该与产品品质变更、品牌策划、渠道变化和消费者需求的深挖等方面保持一致性。倘若价格竞争离开了企业本身的实际情况（包括内部活力、品牌力、流通渠道、原材料、消费者忠诚、竞争对手等），那么，价格竞争最后就是一场资本实力的较量。而较量的最终结果尽管会有某一方胜出，但整个市场就会遭受巨大的灾难，而重新恢复民族医药市场的繁荣又将需要一段很长的时间。

（三）民族医药营销中的价格竞争策略

各个企业不可避免地需要在市场营销和产品经营中使用

到价格竞争的策略，但对价格竞争在民族医药市场营销中的作用一定要有全面的认识。物美价廉、性价比最高等，这些是营销方为了笼络消费者而力图做到的。然而，民族医药市场的特殊性决定了我们不能仅仅从消费者追求物美价廉这一心理出发，还应全面考量消费者的其他心理。同时对市场竞争对手亦采取相同的态度，即竞争对手在参与价格竞争中的心态是有所不同的，它根据竞争对手的价格变动而摇摆不定。

1. 竞争企业的观望心理与价格竞争策略。民族医药企业在参与或者挑起价格竞争的时候，要充分考虑竞争对手的应战状态。民族医药的特殊性在于它并非在技术上出于完全的公开状态，对医药产品的技术性构成是难以做到彻底公开的，而对生产手段的独特性更是难于模仿。在民族医药产品的生产中，对水、地理环境、气候、生药原产地等有着非常细致的讲究，竞争对手知其然而不知其所以然。在这样的情况下，轻易降低价格并非上策。在面对竞争对手的时候，有几种价格竞争策略是可以使用的。不同系列产品不规则的价格升降，同一系列产品价格的不规则升降，个别产品不规则的价格变动，等。在价格变动中应讲究价格变化的不规则。这种不规则会是竞争对手处于难以把捉的状态。价格神秘性是民族医药产品的重要特性。比如某种常见生药炮制的成品药，如果原药材市场价格上涨了，成品药立刻上涨；原药材价格下降了，成品药价格跟着下降——显然，这是非常不利的价格暴露。这会时竞争对手很容易通过中止原材料渠道而取得竞争上的绝对优势，即通过封堵原药材供应，使竞争对手陷入死局。因而，对于成熟经营的企业来说，不应该使产品价格受一时一刻原材料价格变动的影响。

2. 消费者心理与民族医药价格竞争。这里重提一下本书所讲的医药消费，它仅指主动性消费，不包括被动性消费。在本书看来，被动性消费是消费者的主观意志所不能决定的，那是一种临床意见或建议；而主动性医药消费则是消费者作为具有主观能动性的选择性消费。此处所讲的消费者心理也是指这种主动性消费。在民族医药产品的消费上，可以划分为两种较大的范围：一是基于治疗需要的医药消费（简称为"Z消费"），二是基于保健需要的医药消费（简称为"B消费"）。Z消费主要是根据治疗效果来决定人们是否继续消费某种产品。当然，这其中对品牌的信赖起到关键作用（因为在Z消费中所涉及的医药产品并没有被动性消费对治疗效果的特别倚重）。在Z消费者的购买需要中，往往是根据企业的知名度来决定其最终行为。对新出现的产品，在营销广告上则需要有一定的动力，药店营销人员的推介也起到一定程度的激励作用。对B消费而言，广告的作用就更为重要，在价格上，统一售价可能是相对利好的策略。在B消费产品的全国性统一零售价策略下，相对高价能够吸引一定数量的顾客，而相对低价则可能流失一定数量的顾客。这种心理是由什么造成的呢？一般认为，在B消费过程中，更多的是一种符号身份的消费，以及健康理念的消费，从而低价策略将会使人们质疑品牌的有效性。但是，在Z消费中，价格策略就需要更加灵活。基础性Z消费应该坚持中等偏低的价格水准，而同时应该提供部分高价产品由消费者自由选择。尤其是对于品牌企业而言，在Z消费领域必须具有不同价格档次的各种基础性药药产品。低端价格稳定客源，高端价位满足个别需求。盈利口主要集中在高端价位的Z消费品和 B 消费品。在民族医药企业制定价格和参与价格竞争的时候，适当将竞争的着力点放在 Z 消费品的低端产品和中端产品上，而高端产品则应该保持相对稳定性。Z 消费高端产品和 B 消费品的价格高企是维持民族医药品牌力的重要要件，不能因为一时的竞争需要而全盘降价。

无论是从企业经营还是消费者行为的角度来分析价格竞争的具体策略都是非常困难的，因为价格竞争策略建立在体系化的经营机制之上。价格竞争需要根据本企业的资本力量、产品质量、性能、成本、品牌成熟程度、品牌战略、比较优势、产品个性等来综合权衡，在某一个点上倾注过多，甚至孤注一掷，很容易遭受市场竞争的重大风险。

（四）进攻性价格竞争和防范性价格竞争。

价格竞争分为进攻性价格竞争和防范性价格竞争。进攻性价格竞争指的是企业为了在市场竞争中获得优势地位主动率先降价的行为，是价格战的挑起者。而防范性价格竞争指的是这样两种情形：一是应付价格战的防范体系建设，二是应付价格战的临时性举措。

1.进攻性价格竞争。在日益激烈的民族医药市场上，如果具备条件实行进攻性价格竞争，无疑是给对手的重创。进攻性价格竞争主要是根据主体竞争者的实际能力和市场条件变化情况来决定其实行的方式和节奏。就强度而言，分为剧降和缓降。剧降主要是在企业末端产品链上开展，也就是说，当某些产品即将成为企业被替换和淘汰的产品时，（如果是较大量的社会需求的话）可以采取剧降的方式，这样可以一举击败生产能力相对落后、创新能力不足的生产企业。缓降主要针对已经进入停产日程或者转型日程的产品，缓降对竞争对手的影响相对较小，但是能释放自身生产经营信号，一般不适宜创新性较强的企业。就降价面而言，可以分为群降和单降。群降是品牌系列的产品群降价，一般释放着企业转型和经营状况的信号；单降是单个产品的价格下降，这是"田忌赛马"的重要运用，也就是用自己的非主要产品竞争其他企业的主要产品，以（非主要）单品采取剧降的方式去挤压对手的主要产品，是在市场竞争中利用价格战获得市场份额的重要手段。进攻性价格竞争需要考虑到自身可能面临的竞争环境变化，在无力对竞争过程中的不确定性进行风险管理的时候，一般不可主动采用进攻性价格竞争手段。

还有一种高级的主动性价格竞争，那就是率先涨价。率先涨价看似与价格竞争无关，实则是价格竞争的高级表现形式。率先涨价具有一系列的制约因素：其一是企业具备了科技创新的巨大优势，掌握了产品创新的核心技术；其二是消费者对现有产品的满意度不高（指整个市场的全部同类产品）；其三是营销环境发生重大变化，价格上涨不影响市场需求，甚至进一步拉大需求。

2.防御性价格竞争策略。防范性（或防御性）价格竞争主要包括防范体系的建设和防范应急措施。防范性价格竞争指的是在他方挑起价格竞争以后，可能面临的价格整体行情的变化，企业不得不做出相应的价格调整。防御性价格体系的建设指的是在市场价格稳定的情况下，企业对可能随时出现的价格波动做出预防性的筹划。事实上，现在的一些企业在经营过程中很少考虑防范体系的建设，可以说企业管理依然还是处于相对落后的状态,企业寿命可以看出现今企业的盈利依然还是靠运气。当碰巧借助了某个时代潮流或者符合某项政策的利好状况时，立刻催生一批新的企业和企业主，而当政策稍微发生变化、国际国内市场环境稍有风云，立刻又有大批企业遭受灭顶之灾。优秀的企业必须要有价格战的防御体系。这个防御体系可以分为两种：一是"交错失战"防御体系。意思是由于生产产品和提供服务的独特性而无法卷入价格战。这种防御体系在科技创新和生产经营的信息保密相对困难的今天又存在的较低可能。二是"交错应战"防御体系。意思是在生产独特产品和提供相对独特的服务的基础上，积极应战。这种应战的必要性在于防止其他企业进入本领域生产，主动使经营利润保持在平均利润左右。价格竞争使市场竞争的重要表现和手段，忽视这点是不合时宜的。产品功能、品牌认可再优越，也不能忽视价格竞争在市场竞争中的独特作用。防范应急措施是在缺少战略性产品规划和品牌异质性谋划时，当价格竞争一旦展开，就会使各个企业不得不出台一些应急措施，以保证本企业的最大利益。应急措施的指定包括一系列的过程：市场舆情的获得、舆情分析、价格战交战方分析、价格优势和价格劣势分析、应急方案的拟订、应急方案的讨论和执行、反馈和调整等。应急性价格防御措施和常规性价格防御体系的建设是企业参与市场竞争必备的条件和能力。

市场竞争说到底时价格竞争，而价格竞争并非低价竞争。同时，价格竞争亦非单纯的价格数量变化，在没有输入整个竞争体系的价格竞争是一场愚蠢的死拼，只有在企业战略高度、从品牌建设与盈利计划的全局来考量价格竞争和参与价格竞争，才能在风云变化的市场竞争中不断获得较高利润。民族医药市场营销需要在进攻性价格竞争策略与防御性价格竞争策略的使用中权衡自身的优势，制定可行性分析方案。在进攻性价格策略中，民族医药市场营销应该结合民族医药的品牌特色和产品用途来细分进攻性价格竞争的产品分类；而在防御性价格竞争的时候，民族医药品牌也应该考虑到产品的独特价值而沉着冷静，不能在非理性价格竞争中自毁前程。

第三节　品牌价格与品牌认同的内在联系

　　品牌认同（或者品牌认同感），是指人们对特定商品或服务品牌的价值判断和适应性评价，即对特定品牌的心理认可。品牌创建的目的就是为了增进人们的认同感，这是消费者对产品或服务的肯定，也是消费者购买和传播品牌的前提。品牌认同可以分为公众认同和个人认同两类。所谓公众认同，就是公众、群体对商品品牌质量、信誉、服务等的肯定态度；个人认同，是指个人对商品品牌的肯定和承认，它取决于人们的品牌认知和消费观的不同。公众认同具有相对的稳定性，而个人认同则可能随着个人认知水平的深入、情境的变迁、消费环境的变化、个人经济条件的改变而发生变化。简言之，品牌认同就是消费者通过消费体验和品牌传播所获得的、对某一品牌的承认和赞许。品牌认同是消费者忠诚于某种消费并为这种品牌增强美誉的关键因素。

　　品牌价格是品牌商品在市场流通中的交易价格。品牌价格对品牌认同具有重要的影响，这种影响从商品出厂蔓延到终端消费者市场，成为品牌认同的前置性要素。

（一）品牌力与价格有关吗

如前所述，品牌力是指品牌的影响力。品牌力包括品牌适应力、品牌号召力、行为转化力（从品牌认知到品牌消费的过渡）、客户维持力和品牌盈利能力。在此，比较容易被忽视的是品牌盈利能力。事实上，品牌适应力、品牌号召力、客户维持力、行为转化力的最终目的是品牌盈利能力。只有持续不断地盈利的品牌产品才能延续和发展品牌生命。在品牌力的培育中，价格因素起到非常重要的作用。

1. 价格与品牌适应力。一个产品可承受的价格幅度影响品牌适应力。一般而言，价格幅度越大，品牌的适应力越强，价格幅度越小，品牌适应力也就越小。民族医药产品也是一样，在市场竞争中，面临随时可能出现的价格战，如果价格幅度受限，品牌的适应力就减弱；在市场开拓方面也是如此，消费群体的实际消费能力有较大差异，如果品牌价格幅度有限，它的适应力就会受到限制。

2. 价格与品牌号召力。品牌号召力是品牌产品对消费者的吸引力。价格高低会影响品牌对消费者的吸引力。在市场细分的情况下，针对不同规格、不同档次的品牌产品设置合宜的价格是全面吸引顾客的有效办法。在此有两个可能存在的错误认识：其一是认为低价具有更强的品牌号召力，其二是认为全档价位具有更强的品牌号召力。认为低价具有较强品牌号召力的认识错误在于对消费市场的片面理解，在当今消费市场上，已经进入到如前所述的有闲社会和剩余社会，部分人在改革开放中已经先富起来，消费群体消费能力高低不一，消费目的具有异质性，对于炫耀性消费或者激情消费而言，价格过低反而会丧失品牌号召力。所谓全档价位指的是生产企业为了适应所有消费者的消费能力，生产不同档次的产品，制定不同价位，以为这样就能获得全档消费，达到利益最大化的效果。实际上这种认识有较多的臆想成分，因为品牌商品一旦进行全档价位设计，就会使品牌个性受到侵害，同时，如前所述，对于炫耀性消费等而言，消费者有可能不屑于与低消费能力人群共享一个品牌。

3. 价格与品牌转化力。品牌转化力指的是消费者通过品牌认知而产生品牌消费的欲望，这种欲望在不可遏止的情况下促成了购买和消费行为。价格显然对这种转化力有着非常重大的影响。对于一些老年消费者而言，低价可能导致更强的转化力。当然，在这里可能存在这样的实际问题：低价所导致的转化力是否属于品牌转化力？因为现实中确实存在一些无视品牌的消费者群体，故而低价所形成的转化力更多的是单纯的价格转化力，而非品牌转化力。适价原则是品牌转化力的重要准则。在品牌转化力的增强问题上，适价比低价或者高价更为合宜。那么，什么是适价？所谓适价，就是与品牌本身的价值相符的价格，商品价格在品牌综合价值上下波动，在一定幅度范围之内，均属适价。

4. 价格与品牌维持力。在市场上比较容易看到这样的现象，当市场景气时，品牌价格上涨，相反，则价格下降。然则，当品牌价格发生巨大波动时，品牌信赖程度就会受到严重质疑，甚至可能导致品牌信誉的全面崩溃。价格是品牌的尺度之一，但不是品牌的实质内容；品牌力表现为稳定的价格体系，而价格策略对品牌的维持力有重大反作用力。

可见，价格与品牌力有着紧密的关联。离开价格策略谈品牌力和离开品牌力谈价格策略同样是错误的。简单、肤浅地认为品牌力属于文化因素，而价格属于市场规律的自发表现，在理论上是错误的，在实践上是有害的。

（二）品牌认同的多元要素系统

如前所述，品牌认同包括公众认同和个体认同，是对商品品牌的认可与肯定。品牌认同强弱体现为品牌力的大小，而制约品牌力大小的因素是多方面的。从主客体方面划分，可以分为品牌认同的主体和品牌认同的客体。公众品牌认同的主体是以某种原则划分的消费群（基于消费品一致性的人群共同体），个体品牌认同的主体是进行特定品牌消费行为或购买行为的人（尚未实践这种行为的人称之为品牌认同的潜在主体）。品牌认同的客体是消费品或者所购买的品牌商品，尤其指特定的品牌（通过特定产品消费和购买得到体现）。我们分析品牌认同的多元要素系统时，主要分析品牌认同的主体差异。

1. 公众品牌认同。公众品牌认同主体差异主要来自于地域、民族、年龄、性别、文化教育、收入、职业等方面。不同消费群具有整体意义上的差异性，它决定了品牌认同的群体心理基础和物质现实性。民族医药产品经营特别容易受到文化教育、民族传统的影响，从而决定了市场开拓和品牌传播的范围和有效性。

2. 个体品牌认同。品牌认同的个人主体受制于个人所处的环境，这种环境受习惯性群体心理的影响是有的，但随着人口流动性的加快，习得性群体心理对个体的消费心理影响的程度正日益减弱。尤其是在大城市，从根本上说，绝大部分城市人口都属于迁徙人口。他们早先生活的环境和所受到的风俗习惯影响依然存在，但日渐式微。在这样的情况下，个人的心理气质和消费自觉成为个体品牌认同的决定性因素。所谓消费自觉，指的是消费者能够自觉意识到自己的需要，并在琳琅满目的商品市场上选择自己理想的品牌进行消费。消费自觉来自于相关产品知识和个人在信息上的自信。就民族医药市场而言，消费自觉更加重要。医药销售人员和品牌专家只能创造消费自觉的对象性信息图景，而（在备选医药产品种类丰富的情况下）对消费行为的最终促成是无能为力的。

品牌认同的这些元素，是培育品牌的着力点，也是品牌认知深化的要件。在加深民族医药品牌认知的情况下，需要一个关节点的出现，它最终使品牌转化力得到伸张，完成消费者的购买和消费行为。这个着力点，在一定程度上取决于价格机制与品牌认同的消费心理在实践逻辑上的碰撞，而非理论逻辑的关联。

（三）品牌价格对品牌认同的多重作用

从价格与品牌认同的联系可以看出，品牌价格对品牌认同具有重要的作用，这种作用主要是通过品牌力的生成来实现的。品牌力来自于品牌认同的广度和深度，品牌力产生品牌黏性和品牌活性。品牌黏性就是顾客的品牌忠诚度，品牌活性则是品牌的适应能力和盈利能力。不同的品牌价格对品牌认同具有不同的作用。从消费群来看，低价原则能够提升低档产品的品牌认同，而高价原则有利于高档产品的品牌认同，适价原则适应于经典品牌的品牌认同。低价原则吸附的是低收入人群或者实用性消费群体，高价原则吸附的是高收入人群或者炫耀性消费群体，适价原则吸附的是中产阶级和有一定品质追求的消费群体。从终端产品来看，就民族医药市场而言，低价原则适应于治疗性、被动性消费，适价原则适用于治疗、保健双重作用的主动性消费，高价原则适应于主要用于养生保健的主动性消费。这三类消费也相应地划分出三类不同的民族医药产品。从营销手段来看，高价原则适用于被动营销，适价原则适用于主动营销，低价原则适用于一般销售。营销手段对应着一定的品牌产品。被动营销是一种相对的被动，以陈列和提供知识库为主要方式，对高价品牌起到很好的推动作用，高价品牌适宜于专卖、预定、特供、专供、精细化自助设计、个性化包装、限量专供等；主动性营销是一种积极作为的营销手段，在大卖场和公共场合投放广告和宣传资料，公开促销，举行宣传活动和其他营销活动，适价产品适宜于中档专卖、中高级展销、大型超市展卖、对于民族医药品牌而言，也适宜要点专柜销售等；一般销售则是低价混合陈列、销售产品的主要方式，在低价产品中，同类商品的竞争优势更多地表现为低价。

科学准确的价格定位能够促进品牌认同，而盲目失策的价格定位会导致品牌印象的瓦解和品牌力的削弱。价格对品牌认同的全方位影响已经超出了人们的想象。只有在科学定价的基础上，考虑品牌虚拟价值的远期收益和近期收益，才能做到价格策略与品牌认同的互益。

（四）提升品牌认同的价格策略及其实现路径

提升品牌认同可以通过价格策略的适当调整来实现。这里必须注明的是，价格策略不是提升品牌认同的唯一路径，而是重要的路径之一。就价格机制与品牌认同之间的互动来说，价格策略通过如下路径来提升品牌认同。

1. 通过适价策略实现品牌品质的公开化。品牌认同的一部分前提性条件是产品具有较为优越的品质，而适价原则遵循的正是根据品质好坏来定价，根据对消费者的价值贡献来定价。这样的价格定位能够满足通常意义上的性价比需求，即人们对高性价比产品的追求。民族医药市场上，商品对人的健康有着一定的影响力，从而消费者对它的性能和功用的关注会超过其他产品类型，适价原则能更好体现民族医药产品的社会功能。

2. 通过高价原则推动一定程度的品牌符码化。品牌符码是消费社会持续发酵的产物。随着景观社会的形成，人们对符号性消费越来越沉入其间而不能自觉，不能自拔。符号性消费体现为消费的躯体化形象，即以躯体行为表现自身的消费格调和人生价值。这是炫耀性消费的本质特征。民族医药品牌商品中保留一定比例的产品进行高价营销是非常有必要的。它的作用体现在：一是分享奢侈品巨额市场利润，为民族医药市场和产业发展注入资金；二是提升品牌格局，占领健康养生高端品市场能够在某种程度上激活人们对民族医药的信念；三是满足全方位（个性化）消费需要，在资本化的同时体现生产经营的人本化。

3. 低价原则能够推广民族医药品牌。在品牌传播方面，低价适用性医药产品能够迅速获得口碑，增加知名度。低价原则应该建立在厂商分设的基础上，以免动摇中高端品的品牌力。同一品牌生产厂家低价商品所占产品比例过大会严重削弱品牌力，除非企业本身就是定位为低端市场。所以说，低价不是万能的，它在同时生产高端品的企业中所占比例不能超过30%，并且其流通应采取超常规通道，这是就市场竞争策略而言的（事实上大部分低端产品都是走的常规流通渠道）。民族医药市场营销中通常所用的高低端捆绑销售的方式实际上并不恰当，尤其是同质产品的捆绑销售。在异质产品的捆绑销售问题上，可能存在多种具体情况，此处从略。

本章首先对民族医药品牌价格生成因子作了较为系统的分析，认为价格是生成的，而不是命令的。科学定价应该是遵循价格生成的客观规律的，违背价格生成规律进行价格定位和变更，就会损害商品品牌力和影响企业盈利能力。然后，对民族医药营销竞争及其攻防策略作了论述，认为民族医药市场竞争随着医药市场和整个经济发展状况的变迁而遇到了一些挑战，这些挑战是在两个逻辑上同时展开的：资本逻辑（经济实践逻辑）上营销方与消费者之间存在价格博弈和供需博弈的风险，定价影响品牌力的提高；人本逻辑（文化实践逻辑）上民族医药产品的远景价值追求和近景价值追求之间存在一定的矛盾，品牌培育的长期性投入和短期性收益之间存在冲撞。民族医药市场营销中充分理解价格机制对品牌力和营销绩效的双重影响，并在其中寻找可靠平衡点是至关重要的。在品牌力与营销绩效之间出现错位，会导致品牌力的弱化和营销绩效的不稳定。失当的经营无疑对品牌的生命周期起到缩短而不是延长的作用。

第六章　民族医药品牌成就的评估与反馈

　　品牌评估包括对品牌认知、品牌资产、消费者黏性等的定量测评和对品牌定位、品牌联想、品牌延伸、品牌形象的定性估量。民族医药品牌成就是民族医药产品在生成品牌价值、延伸消费者价值和产品价值、促进营销力和提增盈利能力的过程中所体现的绩效。简言之，即是品牌力的生成以及其达到的水准。品牌成就可以体现在经济效用和社会效用上，对民族医药品牌而言，品牌成就的经济效用就是它的盈利能力，即它实际上获得和可能获得的盈利总量以及盈利效率，以及这种盈利能力在促进社会经济均衡发展方面所作的贡献；品牌成就的社会效用是指民族医药品牌在促进健康事业的发展、提高民族医药文化影响力，传承和发扬民族医药文化，实现民族医药文化大众化、现代化、全球化发展方面所作的贡献。对民族医药品牌成就的评估必须建立在科学合理的评估体系之上，不同的评估体系会得出不同的评估结果，影响到企业经营管理的方向和业绩。在实际的品牌管理方面，存在着一系列的失策现象，诸如以品牌知名度代替品牌美誉度、以品牌盈利总量大小代替品牌盈利能力、以品牌资产价值代替品牌对消费者价值的实际延伸程度、以品牌经济效用代替品牌社会效用等。这些失当的品牌评估方案使企业在制定经营战略的过程中顾此失彼、疲于应付当下遇到的市场变局。

第一节　民族医药品牌的评估的意义

威廉·沙门认为，"良好的品牌经营对于维持品牌特质、形象以及整体性是最重要的要素。假如你是品牌经理，托付给你的将是远比公司建筑物及设备更有价值的资产。这些资产即为公司的品牌，它们告诉消费者该期盼怎样的价值，并向他们保证购买你的产品是安全无虞的，这是一个值得信赖的品牌"。[①]民族医药品牌的评估就是要为建立这样的品牌作外在的界定和规范。在市场营销的角度看来，品牌评估能够为精准营销提供顾客信息和产品信息，并对这两种信息进行综合，从而减少销售中的信息沟通障碍。除此之外，民族医药品牌的评估的深刻意义在于如下一些方面：

第一，针对产品，品牌评估能够促进企业更好地适应市场需要，及时调整产品结构和生产方式。民族医药品牌评估对产

---

① （美）威廉·沙夫 . 品牌创建与形象保护 . 长春：时代文艺出版社，2003：162.

品的疗效、消费者意见所做的较为全面的调研是企业进一步优化生产结构、升级生产方式的重要前提。

第二，针对产品，品牌评估还能为民族医药企业创新科技提供动力。市场需求结构的不断变化，导致原来深受消费者欢迎的产品有可能变成明日黄花、今非昔比。那么，在科学的品牌评估之后，就能重新认识品牌的社会适应能力，即对品牌活力进行测评。在科学技术日新月异的今天，品牌活力较多依赖于产品科技含量的增加，从而促进企业创新技术发展。

第三，针对消费者，品牌评估能从诸多方面测度消费者的消费意愿以及消费习惯的变更。人们的审美观、消费心理受到一定时代社会大局变化的影响，品牌黏度大小能在一定程度上反应社会文化和心理的变迁，企业通过分析这种变化的基本趋势，就能比较明晰地理清民族医药市场的市场前景，从而对生产经营起到指引方向的作用。

第四，针对消费者，品牌评估能够从消费意愿和消费实况以及消费者行为分析，比较准确地看到品牌产品消费在增进消费者价值、创造新的价值链上所作的贡献。由此而能够沟通产品与消费者之间的联系通道，从消费者的视角来改善产品，提升和优化品牌结构，使品牌要件适合现代社会的需要，并努力做到品牌韧性的柔化——品牌产品能够在更为宽广的实践阈值内获得消费者的认同和许可。

第五，针对营销活动，品牌评估是营销活动策划的前提。如前所述，消费者在进行消费的时候，对品牌的声誉、实际功效和可能带来的各种社会效应以及产生的消费者心理联想等，它们的合力或者部分合力成为消费者消费行为实际发生的内在动力。这是一方面。另一方面，企业营销活动能够反映并影响营销的实际效果。品牌培育贯穿于产品的生产、包装、流通等各个领域，全程品牌管理是现代企业管理的重要理念。离开品牌管理，或者在经营活动的某些环节离开品牌管理，就会使产品的整体性经营策略陷入空想，使品牌构成要素之间的内部冲撞消解它们可能产生的合力。

从市场营销的角度来看待品牌评估，就能对民族医药品牌评估赋予更大的现实意义。当然，民族医药品牌评估还能影响到民族文化的自信，这是一种带有形而上学原则高度的社会意义。当品牌评估的结果与实际的品牌力之间存在正相关，并且在时间向度上能够经久不衰地保持开发潜力和品牌力增生，则这种评估结果能够提高民族文化的自信，相反则可能打击人们的某种文化自信。文化自信是文化自觉和文化认同感高聚的前提。由此可见，民族医药品牌的评估对民族医药文化的自信和民族医药的持续稳定发展具有重要的意义。它不仅是市场营销和企业盈利能力建设的始发点，也是民族医药品牌社会贡献率的重要参量。

第二节　民族医药品牌评估的体系建构

品牌系统可以分为内部系统和外部系统。内部系统指的是品牌构成要素之间的结构逻辑和实践逻辑，是指品牌角色、驱动力量、品牌符号、品牌定位、品牌文化、品牌利益、子品牌等诸要素之间的相互关系。外部系统指的是品牌与外部环境、实施策略、消费者、品牌相关方、其他品牌之间的关系。正因为品牌系统本身的复杂性和多层次性，品牌评估应该建立相应的体系才能符合客观规律性和现实逻辑。体系化的品牌评估组合策略对灵活机动地运用经营战略，与时俱进地调适营销计划、促进品牌力提升具有重要的作用。民族医药品牌评估的复杂性正如前所述，因为包含着文化与社会使命、经济利益与社会价值、国家意义与企业追求、医药科学诉求与全面价值立场之间的关联，从而评估体系本身的建构显得尤为重要。评估体系的建设是一种管理机制的前兆设计，是进一步规范管理和流程干涉的必要准备。

（一）民族医药品牌评估体系建设的基本原则

民族医药品牌建设需要及时评估建设成效，跟踪品牌管理过程，实现全程品牌管理。由此，建立适宜的品牌评估体系显得尤为重要，只有品牌评估体系科学合理，才能有效监测评估过程，以评估促进品牌建设，在评估中实时调整建设方案，优化建设体系，激活品牌力。在民族医药品牌评估体系设计的时候，应该遵循如下基本原则：

1. 全面评估与特色评估相结合的原则。民族医药品牌评估的全面评估指的是品牌构成要素要在评估体系中得到全面反映、不可偏废。评估体系应该体现品牌建设的着力点，使品牌文化得到深度挖掘，品牌力得到完全释放和激活。在民族医药品牌的评估体系设计上，要考虑到民族文化与民族医药产品的受众心理、文化传统、社会发展状态、经济运行、产品内涵、包装与品牌故事、品牌战略等各个侧面。与此同时，切忌均衡实力，只有在不均衡的要素化重组中，品牌优势和品牌特色才能形成。故而民族医药产品的品牌评估体系设计只有在全面评估的基础上才能进行特色评估。全面评估找漏洞、特色评估找优势。漏洞不能成为企业发展的致命点，但并非它一定要成为企业的新的着力点；优势不能成为企业发展的命根，但并非它就是企业发展的唯一有生力量。特色评估指的是在民族医药品牌评估体系建设中要致力于发展企业和品牌特色，并建立健全特色评估体系，使企业和品牌特色有章可循。在特色建设方面，长期以来都有一些不良习惯，那就是将主观意识作为品牌特色建设的出发点，将人们的直观感觉当作品牌特色。特色品牌当然有其差异性的品牌属性和产品结构、产品作用，但是，特色品牌如果剥离了全面品牌要素构成体系，就成为一般性的产品差异，而不是品牌特色。可见，在民族医药品牌评估体系建设的过程中要坚持全面评估与特色评估相结合。全面评估是特色评估的基础，特色评估是全面评估的升华。全面评估体现的是任何优秀品牌的共性，而特色评估是个别企业和产品所拥有的个性。

2. 截面评估与流程评估相结合的原则。民族医药品牌的截面评估是指相对静态的品牌，在进行评估体系设计的时候要考虑到品牌构成要素的当下性和全面性，是对品牌优势的静态化检验。获得民族医药品牌的截面评估结果对反思现有经营状况、品牌力有着重要的参考价值。截面品牌评估能获悉当下的品牌影响力和消费者对品牌的认知。民族医药品牌的截面诸如上述之全面评估和特色评估，均能体现品牌成就的大小。民族医药品牌的流程评估指的是民族医药品牌在其发展过程中的纵向管理，是对品牌管理过程的全面监控和对品牌力生成、壮大、衰退等过程及相关要素之间的动态组合的全面管理。流程评估就是动态评估，是将企业或者产品作为动态之物来进行管理，是要用最及时、快捷、准确的方案来反应品牌真相。动态流程评估的重要作用在于其真实性、可靠性和即时性特征。相反，截面评估的缺点正是滞后性和不可靠性。不过，若无静态的截面评估，就难以进行动态的流程评估。二者之间无法做到截然分开，在品牌管理实践中往往是截面评估中有流程评估，流程评估中有截面评估。民族医药产品的品牌评估要综合利用截面评估与流程评估的优势，及时、准确地提供品牌评估结论，以便指引品牌建设的稳定、健康发展。

3. 常规评估与随机评估相结合的原则。民族医药品牌建设需要建立常规评估机制，即对容易出现品牌危机的关节点采取经常性的评估。这种评估应该贯彻始终，并相对比较简单、方便。常规评估以保持民族医药品牌的常规受众声誉，维护品牌力。随机评估的评估面应该宽于常规评估，但随机评估在频率上应该采取不均衡随机行动。一方面，随机评估能够减小品牌危机出现的可能性；另一方面，随机评估对品牌应急能力的提升起到一定的训练作用。常规评估和随机评估都可以采取自评或者第三方机构评估的方式。不过，并不将自评或他评作为基本的评估原则，这是因为：在品牌评估的过程中可能涉及许多商业机密，出于品牌保护的需要，品牌评估一般适宜于采用自评的方式。只有在设计品牌周边、消费者认知等方面的一些舆情调查，才可以部分地采取第三方评估的方式。

4. 短期评估与长期评估相结合的原则。正如前面所述，长期评估一般是常规评估，而短期评估一般采取随机评估的方式。民族医药品牌建设的评估应该建立在长期和短期相结合的基础上。长期评估和短期评估还有另一层意思，那就是：长期评估是对民族医药品牌的成长规律的评估，而短期评估是对民族医药品牌的阶段性目标的评估。任何企业和产品必须同时具备长期和短期目标，这在战略上是获得市场份额和盈利能力的重要基础建设。长期目标是品牌的最终发展目标以及在达到最终目标之前所要经历的品牌历练过程。品牌长期目标建设需要一种相应的长期评估机制，长期评估的体系化建设是动态的，它的波动式发展不应该成为企业主放弃某种品牌和重构某种价值的唯一动力。长期目标倡导的是一种具有远见的评估框架，它对应着战略的运行过程。短期目标则是一种阶段性的自我实现的测量，短期目标对生产经营的激励作用在实际上要远远强于长期目标。从而，企业在评估体系建设的过程中，在长期评估体系上要从简，而在短期评估体系的建构上要从实。也就是说，长期评估机制要站在高处，而短期评估机制要落在实处。

5.消费评估与生产评估相结合的原则。在特定的民族医药品牌来看，品牌评估的目的无非是为建构消费者与品牌之间的良性关系提供指南。消费评估是指对品牌在消费者认知、购买、使用过程中的品牌形象评估。生产评估是基于竞争对手或相近产品的（同一时期内）科技含量、文化、包装、共用、价值等，对品牌产品和产品研发、生产过程的先进性评估。民族医药品牌的消费评估主要基于产品功效评估，在心理消费和实际消费二者并行不悖的今天，民族医药产品的消费评估应该通过心理机制和生理药理机制两个层面去开发评估要素。消费评估针对消费者，要根据评估结果不断修改评估方案，并且能够采取招标的方式征求第三方评估机构的参与。生产评估可以分为内部评估和外部评估。生产评估的内部评估是对品牌生产的内部因素进行评估、检验，对生产的各个环节和技术要素进行不断检验。生产评估的外部评估是对竞争企业和相关产品生产状况的评估。生产评估必须在内外评估取得比较真实的调研数据的基础上才能进行，其实质是一种横向比较。

民族医药品牌建设的评估建立在如上基本原则之上，这些原则不是单一的，在实践中是互相融会、不可分割的。

（二）民族医药品牌评估体系建设的基本方法

品牌评估体系建设的基本方法是企业决策层在设计评估

方案的过程中使用的方法。建设民族医药品牌评估体系，可以采用的方法是非常多的，它有法可循却无定法，因此，在实际工作中需因时因地制宜，墨守成规往往导致评估体系的守旧、落后，不能恰当反映品牌的影响力和持续力。民族医药品牌建设的基本方法（非指评估方法，而是指评估体系建设方法）有如下几种。

1. 专家团诊断法。采取会诊的方式或者专家咨询方式为品牌评估体系建设设定框架，尤其是征询相关部门专家的意见，结合本产品或企业的实际情况集体研讨、群策群力发挥智囊作用。

2. 消费者调研法。针对消费者进行调查，可以采取问卷方式或者访谈方式进行调查，而企业内部举行的调研也可以采取留言式或者整合售后意见。这是进行评估方案设计的前提和重要方法。消费者调研法体现了人本经济的特征。

3. 优品参照法。相对于具有国际影响力的品牌而言，那些刚刚创建且尚未成气候的新品牌，可以采取参照法。参照法节约了调研成本和政策制定的其他成本，能较快形成评估方案。但参照法如果过于僵化则可能使评估体系脱离实际，陷入空想。

4. 意见收集法。在市场营销或者品牌经营的过程中，产品或者服务在发展过程中不可避免地会遇到一些投诉意见和少数消费者建议。对待消费者的意见或者建议需要认真处理，这不仅是树立企业形象的表面问题，而且是关乎企业发展壮大和品牌力提升的重要战略问题。依据消费者意见和建议，能够较为准确地找到品牌建设的不足，从而为设计品牌评估方案提供便捷的通道。意见收集法是成本低廉、效率极高的政策制定路径。

5. 营销反馈法。在品牌的市场营销过程中，营销人员直接面对消费者，能够及时准确地反映产品市场状况和产品的市场竞争力。一定品牌的市场竞争力是基于品牌的消费者接受程度的，市场营销人员能够较为准确地知晓产品的竞争优势和竞争劣势，并能在营销过程中获悉消费者心愿。可见，营销反馈法是设计品牌评估方案的重要方法。

6. 外包与第三方方案。将品牌评估方案的设计外包给专门的公司，或者邀请第三方有偿代为设计品牌评估方案。这在品牌评估的某些环节和部门是可行的，但在涉及品牌战略和商业机密的过程中可能会遇到一些令人担忧的地方。在确保商业机密和简约人员分工的情况下，比较小的企业和初始品牌采取这类方式也许是可行的。这里需要特别注明的是，外包和第三方方案并非设计品牌评估方案的具体措施，而只能算是企业品牌管理的有效选项。

（三）民族医药品牌评估体系的主要内容

品牌评估体系的科学性主要表现在其能否准确反映出品牌力的大小。民族医药品牌评估体系包括如下子体系：品牌绩效评估体系、品牌风险评估体系、品牌技术评估体系、品牌发展评估体系。建立相应的评估体系指标，是民族医药品牌建设的重要工作。

1. 品牌绩效评估体系。民族医药品牌绩效评估是指对品牌的业绩考核，通过设定关键业绩指标，定期衡量品牌实际完成的经营业绩。民族医药品牌业绩考核可以分为硬指标（即定量指标）与软指标（即定性指标）两类：前者是特定品牌经营的获利情况和受众扩散数据，后者是品牌实际产生的正负效应等在质性上的差异。绩效评估可以分季度、按阶段进行。需要对照经营计划、战略目标的量化指标来衡定。也可以从社会效应与经济效应的不同角度来进行。尤其是作为传承民族传统文化的医药产业，其社会效应的评估是非常重要的。而社会效应的评估除了一般产品所使用的消费者满意度评估外，还包括事实上品牌对传统医药文化的传承力。

2. 品牌风险评估体系。民族医药产品的风险包括经济风险、文化风险和技术风险。从而在评估体系的设置上应该全面考虑。经济风险是指民族医药品牌的营销中实际盈利能力的大小，它决定着是否能够在市场经济中制胜。经济风险是当前民族医药品牌的主要风险，通过经济风险的控制，能够防范其他风险的发生概率。经济风险之所以最为严重，原因就在于民族医药的科学化和配方的计量分解困难，以及保密需要。这引起了人们对民族医药科学性的怀疑，从而对理性消费行为产生一定障碍。而现代医药化学恰恰在这方面具有重大优势，治疗和保健效果的理论展现非常直观，相对增加了消费者的信任。由此，消费者在理性上获得信息的大小决定了民族医药品牌实际受众的减小，经济效益随之下降。同时，民族医药产品在炮制和研发、生产的过程中成本高昂，市场竞争能力相对较小。这些，势必作为民族医药品牌风险评估的重要内容。文化风险是指在民族医药品牌传播的过程中遭遇的现代医药文化，尤其是现代医药化学和生理学、解剖学的重要影响，传统医药文化可能遭遇目前医学科学尚不能解决和解释的重大难题。不能为现代科学所解释的东西未必是不科学的东西，这是由人的认识局限所决定的。但是，现代科学精神在认识上对理性认识能力的高估使人们高估了当代科学的实际高度。这是民族医药文化面临的重大文化风险。技术风险是指民族医药品牌在极力表现自己的科学性的同时使自身的科学性不断丧失，而非科学性伪装成科学要素塞进了民族医药品牌要素之中。

民族医药品牌风险评估体系需要全面设计出上述三方面可能遭遇的风险，通过量化指标体系管理防范风险发生的概率和减弱它的强度。

3. 品牌技术评估体系。技术评估体系是民族医药品牌在现代科学精神与理性诉求不断增强的基础上不得不适应时代变局而增强的管理指标体系。民族医药品牌在现代化和维持传统两个维度上充满了悖论。生产现代化和传统制作之间的平衡和取舍往往难以界分和抉择。民族医药品牌需要再同业竞争和同品竞争上强化技术评估，而在医药行业的大环境下往往需要保守技术评估。尽管一般认为技术越先进越会引起人们的青睐，但传统医药品牌并不在这方面具有敏感性。

4. 品牌发展评估体系。任何商品都应建立发展评估体系。民族医药品牌作为特殊的商品，也要与时俱进。品牌发展评估体系是指企业为品牌发展所做出的计划和决策，并且对它们实际达到可能达到的程度进行评价和估计的完整管理体系。发展评估体系有横向评估和纵向评估之分。横向评估一般是指企业和品牌在同一时期的社会生产当中所取得的成就。一定品牌是否是当时同业品牌中的佼佼者，决定着此品牌的发展现状和前景。纵向评估需要参照相似品牌的发展历程，总结经验教训，不断反省本品牌的发展阶段，进行品牌发展阶段定位，以便适当调整战略，应付可能出现的竞争变局。

民族医药品牌的绩效评估、风险评估、技术评估和发展评估体系是品牌评估的基本内容。这些内容的具体化要结合产品的特点和行业发展现状来进行。本书在此仅提供一种评估体系框架结构，而不对相应的评估体系做细分，原因便在于民族医药品牌评估本身的特殊性和不同品牌的生成机制和演化逻辑有着很大的差异。

（四）民族医药品牌评估实践

民族医药品牌评估的内容决定了它在评估实践上有一些必要的步骤和方法。一般而言，从品牌标识、品牌内涵、品牌反应和品牌关系的视角构建基于消费者认知心理的品牌评估，有一个从外围评估深入品牌内核的过程。外围评估是对品牌的外在影响力以及品牌的符号性特征的评估，而内核评估则是对品牌价值和品牌联想的评估，内核评估深入到品牌的实质性意义体系。"延续性品牌特征则需要从品牌多个重要阶段均出现的特征中提取出分数较高的特征，并进行品牌识别特征评估，延续性品牌特征是产品识别中的关键特征。"[1]对于民族医药

---

①谭征宇，胡婷婷.基于时序关系的装备产品造型设计识别要素研究.包装工程，2015（1）.

品牌来说，真正的评估体系也许涉及产业联动的问题，亦即民族医药品牌对相关产业的影响。品牌认知的高度发展促进核心竞争力的提升，而核心产业有可能带动相关产业和临界产业（甚至区域经济）的快速发展，从而对于民族医药企业及其相关品牌的评估，需要采取整体性思维，在品牌认知、经济增长和产业联动之间构建定性与定量相结合的综合评估体系。在经营主体上，要加快民族医药企业、民族医药品牌、民族文化融合渗透能力评估。民族医药文化与民族医药品牌之间的互构和生成关系应当成为品牌管理与营销策划的重要思考点。民族医药品牌价值的提升和品牌符号价值的激活，并非纯粹寄希望于激情消费就能得逞，而应当在理性思维和经营谋划中利用文化的力量实现价值倍增。"面对未来市场潜在竞争者的进入，行业要精诚团结，资源互补，通过对行业人才与专业技术的优化配置和有机融合，创造出新的核心力量，进一步丰富服务外延与内涵"，[①]打造行业的优质品牌，扩大市场份额，使整个行业获得长足发展。客观、公正地做好包括商誉、品牌等无形资产的评估，使企业在竞争中有的放矢、量体裁衣，防止竞争中出现的悲观情绪和盲目乐观。"品牌是一项长期的努力，需要建立与生产观念截然不同的品牌绩效评价评估体系。"[②]

①刘公勤.混合所有制经济发展为评估行业带来的市场机遇.中国资产评估，2015（1）.

②孙晓燕.中国代工企业品牌化路径研究.当代经济管理，2014（12）.

外围性的评估包括消费者评估，而"消费者对品牌的评价是综合的，包含了功能利益和情感利益，那么，评估消费者的品牌认知，也应该是综合的"。[①]诚如此，内核性的评估尽管表面上看只是涉及品牌自身的品质和属性，然而它亦只能通过外部性评估而得到体现。就品牌力的最终作用力而言，内核因素起决定作用，外围因素起辅助作用，外围因素是内核因素的反映，并通过外围评估而实际地改造品牌的内核质性，从而达到评估的最终目的。"品牌价值概述品牌价值指的是在企业发展中在某一个时间点用类似有形资产评估方法计算出来的市场价格，通过各种手段宣传产品，并在产品不断流通中逐渐形成自身的品牌效应，企业树立自身的品牌就是为了树立在消费者心中综合形象，并通过形成品牌价值来宣传产品的属性、品质、品位和企业文化，品牌价值代表着产品的品牌，品牌价值可为企业在实际的发展中创造无限的生命力。"[②]

民族医药品牌的某些"老字号"品牌更有代表性和市场竞争力，有必要定期和不定期对其开展监督、审核和评估，在对"老字号"品牌需要第三方介入评估，以维护民族医药"老字号"品牌的权威性和典型性。在老字号品牌评估的过程中，"政智联姻，提升'老字号'品牌的市场认同。'老字号'的

①于国瑞.服装品牌评价模型的构建与应用.宁波大学学报：人文科学版，2015（1）.

②张扬.新时期消费水平引导下品牌价值对经济发展的推动作用.现代经济信息，2015（1）.

评审、认定、监管、评估是一个完整、复杂、连贯的系统工程，它既需要政府的行政指令聚集相关资源加以扶持，也需要专业的研究机构和研究人员对该项工作的成效进行科学分析和总结评价，作为探索优化调整措施的基础和前提。"[①]

有人认为，"品牌形象评价一般是指由第三方专业机构通过媒体发布的以提供品牌信息确立商品和服务市场形象为目标的品牌研究活动"。[②]第三方机构认证或者评估的方式的确能够起到较好的作用，但评估品牌的目的不仅仅在于确立一个权威结论，对于企业本身来说，品牌评估的目的更在于评估结论有助于品牌的改善。从企业管理的角度来说，客观公正的第三方评估固然有一定的参考价值，但对于企业的经营战略来说，意义并不大。姑且抛开第三方是否能够独立掌握相关评估数据，以确保评估结论的"客观公正"，更为困难的是，第三方的权威性受到各方质疑，因为评估结论将作为市场竞争的结论性意见。这种意见对于企业的持续发展无疑具有巨大的影响力，就此而言，业界往往会拒斥名额相对较少的评估和"排行榜"。最后的结局将是所谓的第三方独立评估变成一种形式主义的东西，并最终被世俗欲望所架控，成为某些部门敛财的工具。当然，尽管如此，国际上第三方独立评估品牌或者进行认证依然

①赵巧艳，闫春.广西"老字号"发展建设研究报告.广西经济管理干部学院学报，2014（4）.

②汪海粟，吴祺.关于品牌价值评估基本问题的几点思考.中国资产评估，2013（4）.

是比较常见的。[①]也有人持有相对乐观的态度，认为第三方评估可能有着科学的结论和权威、公正的立场。"品牌评估机构的所谓科学专业性及第三方的立场，很容易俘获消费者，从而更易受到企业的青睐，这样无异于在现有品牌评选机构眼皮底下抢饭碗。"[②]

————————

①赵蓓，张小三．品牌权益与股东价值关系实证研究．厦门大学学报：哲学社会科学版，2013（6）．

②艾育荣．第三只眼看中国品牌评估．广告大观：综合版，2006（7）．

第三节　民族医药营销品牌反馈

　　民族医药营销实践与品牌反馈具有内在的联系。品牌正反馈能够使消费者更加信赖、依恋特定产品的消费，从而对市场营销起到重要的促进作用。市场营销如果能够采用恰当的方式，也能增进品牌号召力，提升品牌消费的延伸价值。有人认为，消费者"在与他人分享快乐、正面的品牌体验时，回应者也形成一定的理解和共识，分享者和回应者达到关于正面品牌体验的内在状态一致时，分享现实得到构建，分享者对品牌体验的评估也就得到社会验证。""消费者会通过与他人的沟通构建社会现实，从而确认对品牌体验的评价。"[①]消费者通过各种途径反馈品牌影响力，印证品牌价值和现实地生成品牌目标。在市场营销中，如果不能对消费者进行恰如其分地引导，并通

　　[①]杨德锋，江霞，赵平.奖励能改变分享者原有的品牌至爱吗——奖励在体验分享中的影响研究.南开管理评论，2014（3）.

过品牌反馈适时调整营销战略，那么，整个经营就会陷入到一种无序的状态。

（一）营销品牌反馈的几种方式

在市场营销的过程中，密切关注品牌反馈状况无疑是十分重要的。那么，营销品牌反馈有哪些形式呢？简言之，品牌反馈有直言式和假言式。直言式是消费者直接表达出来的意见，它直截了当地宣告一种消费态度和消费感受。这类反馈方式具体包括了转述、评论、建议（推介）、发泄等。假言式反馈是指消费者并不直接告知经营者有关品牌消费的感觉和经验，而是通过行动来表明自己的立场。这类反馈方式具体包括拒斥、强迫、悔恨、回避、抛弃等。

1.转述。所谓转述，是指消费者在消费某品牌产品以后，将自身的消费体验主动转告给他人。转述反馈方式因为具有验证性、是人们实际消费之后的亲身体验，从而对其他消费者或潜在消费者有着重要的导向作用。转述正面体验效果能够增进消费者欲求、刺激消费行为，相反，转述消极消费体验则能够阻止消费行为和潜在消费冲动。

2.评论。在当今网络经济迅猛发展的时代，商品评论是非常重要的行为，它不但对消费者具有指导作用，对经营者也具有重要的参考价值。评论可以是线上评论，即在网络上发布有关产品的信息和消费体验，也可以是线下评论，即对具体消费行为进行评述。在电子商务平台上，线上品牌评论具有绝对指导优势。购买者和消费者能否给出"红心"或好评，是产品能不能获得进一步扩散的前提。若某品牌存在较多差评，将直接导致该品牌产品滞销。这种评论功能在实体店铺的影响力明显弱于网络店铺。

3.建议（推荐）。建议是消费者在获知品牌价值或者体验品牌消费之后对他人的消费建议，这种口头建议远远优于广告说明。它直接促成或者阻止了消费行为的产生。在满意的消费（或购物）体验之后，会推荐亲朋好友购买或者消费相同产品，而在不满意的消费（或购物）体验之后，会极力阻止身边人购买或者消费这类产品。

4.发泄。在受到极端行为和体验的刺激后，人们会存在一种急欲发泄心中郁结或兴奋的情感，这种情感促成的行动就是发泄。发泄行为具有极强的感染力，能够对消费者周边的人产生很大的影响。当消费者购买或消费某种产品和服务而产生兴奋时，他通过发泄行为刺激周围人的消费激情。当消费者购买或者消费某种品牌或者服务而感到愤懑时，其发泄行为同样会打消其他消费者的消费欲望。

5.拒斥。拒斥行为是消费者对已经消费（购买）过和周围人消费（购买）过的品牌的叛逆反应。人们会对不良消费体验的他人经验和自身经验抱着相近的感觉。拒斥行为往往因为消费者并不知晓品牌的确切缺陷，而仅仅是对购买和消费经验的一种肯定。拒斥行为有因品牌本身而产生的，也有因他人消费与自身消费体验而产生的、还有因不知情而产生的。正因为原因不一，从而拒斥的力度也会有所不同，针对不同的拒斥行为，营销人员应该采取不同的策略来消除与消费者的隔阂。

6.强迫。强迫行为是消费者习惯性地对某种品牌产生依恋。唯有对特定商品或服务的消费才能获得满足感。每一个企业和品牌都希望产生越来越多的消费强迫症，但是这种强迫症同时也构成了市场竞争和产品创新的障碍，成为新的行业进入壁垒。强迫行为在消费者那里以瘾症方式而存在，对品牌经营者来说，被描述为一种品牌的忠诚客户。

7. 悔恨、回避和抛弃。悔恨是消费者在购买和消费某种产品和服务后出现的懊悔和怨恨。回避是消费者有意识地避免与特定品牌接触。而抛弃是消费者对已经购买或者尚未实现充分消费的产品和服务的中止。这三者具有密切的联系。当消费和购物体验不尽如人意的时候，人们会不由自主地出现悔恨的情绪，带着这种情绪而回避相似消费体验和购物体验。当这种回避的意愿越来越强烈的时候，如果先前购买的产品和服务尚未充分消费，就会出现抛弃的行为。如果人们中止某种已购商品的消费，转而寻求其他替换产品，则能够充分说明该消费行为的不满意程度非常高。

总之，市场营销可以通过上述这些反馈方式来准确认定品牌力的大小和品牌实质是否得到充分表现。这些反馈方式在任何商品消费和购买行为中都可能出现，在民族医药品牌反馈方面亦有可能存在。

（二）民族医药品牌反馈与市场营销的关系

"基于消费者视角的品牌资产在一定程度上解释了品牌的效应，但由于品牌资产一方面是一种市场影响力，另一方面又与市场营销的其他因素、其他策略的影响力混合在一起，如果品牌资产评估不能让人们准确区分市场影响力的来源，就会出现误导人的情况，因而区分与识别品牌自身的影响力具有现实需求"。①品牌资产既是市场营销的卖点，又是市场营销所要实现的终极目标。比如民族医药品牌：因为其是品牌民族医药产品，从而能够获得更多的消费者和市场份额，而建设永续发展的知名品牌正是民族医药营销的最终目的。

在民族医药品牌的传播方面，现代新媒体技术为各品牌的扩散提供了诸多便利，"官方微博定期邀请资深网络营销专家对微博营销的内容、方式进行培训与点评，无论微博内容的撰写、编辑，发布微博的周期、时机，还是信息处理的技巧，都得以遵循一定的专业技巧"。②消费者在消费过程中有更多机会获知商品信息，体验品牌价值。品牌传播与市场营销在信息化过程中融为一体。在这方面，品牌建设就是市场营销。民族医药的品牌竖立起来了、知名度和美誉度提高了，它的消费者和购买者也就随之增多。两者之间紧密相关。

在民族医药品牌的全球化战略中，品牌化更是与市场营销之间不可分离。在构建民族医药全球品牌的过程中，会遇到一些文化和技术上的障碍，这些障碍可能是无法沟通的，有的也可能在通过努力以后获得国际消费者的支持。在这样的情况下，建立真正的民族品牌，并提高自主创新能力就显得尤为重

①刘凤军，李敬强，李辉.企业社会责任与品牌影响力关系的实证研究.中国软科学，2012（1）.

②周凯，徐理文.基于5T理论视角下的企业微博营销策略及应用分析——以欧莱雅的微博营销为个案研究.图书与情报，2012（10）.

要了。"虽然我们一再论证基于内需才最有可能发展具有自主知识产权的品牌，但……除了需要巨额的广告费和渠道建设费外，还会因为缺乏熟悉国际市场、缺少品牌营销的人才而搁浅，更会遭遇到原有处于发包方的国际大买家的强力封锁和围追堵截。""中国在上次经济全球化的浪潮中，其利益与西方国家更多具有一致性，主要表现在中国扮演的是一个'世界操作工'角色，从事的是低端制造业外包和劳动密集型的加工作业，而全球价值链高端的研发和设计、市场营销和品牌网络等，都由美欧日本的跨国公司扮演，中国是替国际跨国公司打工，因此所从事的产业与西方具有互补性。"[1]民族医药产品市场是相对较少竞争压力的生产市场，在民族医药品牌建设和市场营销上，国外先进的生产技术和知识储备并不表现出先天的优越性。因此，需要我们正视民族医药品牌的价值评估和价值链再造。"企业的生产管理技术水平、产品品牌、市场营销能力等无形要素，这些构成了经典对外直接投资理论所说的企业的所有权优势或垄断优势，由这些优势构成的能够促进企业国际内部一体化生产的能力称为内部张力，企业的内部张力是企业国际内部一体化生产的必要条件。"[2]

---

①刘志彪.基于内需的经济全球化：中国分享第二波全球化红利的战略选择.南京大学学报：哲学.人文科学.社会科学版，2012（2）.

②张为付.影响我国企业对外直接投资因素研究.中国工业经济，2008（11）.

民族医药品牌是一种带有文化国粹精神的经济生长点，它本身是一种国内品牌，只能通过中国的综合国力不断增强而取得越来越重要的国际地位，从而就民族医药市场来说，国际化的实质并非单纯的经济全球化，而是包括政治地位在内的整体国力的不断攀升。唯有我国综合国力和全球影响力的不断提高，改革开放的持续、深入发展，对外交流的深化与强化，国粹品牌才能转化为一种国际品牌。在培育民族医药品牌、提升市场营销能力的过程中，应发挥品牌的"正反馈效应"对价值链空间分工的促进作用。"品牌服务在提高市场交易效率方面的'正反馈效应'，对制造组装环节和品牌营销环节空间分离的实现起着促进作用。"①而民族医药品牌远远不是那种低级加工的国际分工所能比拟的，它能够真正托举起中国特色经济和特色文化。

可以说，民族医药品牌营销与盈利计划是区域经济错位发展的重要契机。民族特色和区域特色的明显性增强了产品的异质性，它不可复制地存在于激烈的市场竞争当中。"随着知识、信息经济兴起，产品价值链当中的主要价值日益集中在研发、设计、品牌、市场营销等'非生产性'环节当中，产品价值链的价值由劳动密集型产品向资本密集型、知识密集型产品快速提升、转移，而且消费需求也呈现出个性化、多样化与差异化，

---

① 张松林、武鹏．全球价值链的"空间逻辑"及其区域政策含义——基于制造组装环节与品牌营销环节空间分离的视角．中国工业经济，2012（7）．

物质性转向非物质性、量少易变的动态演变过程。"①民族医药产品的优势非常明显，尤其在符号经济和广义虚拟经济的条件下，民族医药品牌建设的前景是非常可观的。

"市场营销涉及企业营销过程、销售网络及渠道的管理和控制，它直接决定了企业能否将技术优势外化为市场竞争优势，市场营销包含的品牌形象与企业形象在现代企业竞争中也发挥出越来越大的影响力，从某种意义上讲，现代市场竞争的焦点就是以品牌为核心的企业形象的竞争。""市场营销能力包含有营销网络及渠道、市场策划、企业品牌、知名度、美誉度、售后服务等因素。"②"除了在代工情况下，企业在市场判断、接单、售后服务等营销活动可以游离于品牌建设之外，一般情况下，企业营销活动主要是为了提高企业产品的知名度、美誉度与忠诚度，与技术能力提升相比，营销能力提升，与企业品牌升级的联系更为密切、相关度也更大。"③民族医药市场营销与民族医药品牌建设之间的关系并非一种理论上的建设，实践上更是需要二者紧密配合，发出合力，才能取得经营的制高点。

---

①张杰，刘东.我国地方产业集群的升级路径：基于组织分工架构的一个初步分析.中国工业经济，2006（5）.

②余伟萍，陈维政，任佩瑜.中国企业核心竞争力要素实证研究.社会科学战线，2003（5）.

③陈明森，陈爱贞，张文刚.升级预期、决策偏好与产业垂直升级——基于我国制造业上市公司实证分析.中国工业经济，2012（2）.

可见，民族医药市场营销与品牌建设之间的关系至少包括如下几个方面和层次：其一，民族医药品牌的提升是市场营销的前提，它为消费市场提供心理导入机制，使人们乐于消费。其二，民族医药品牌是错位竞争的重要筹码，在国际市场竞争的过程中，民族医药品牌的独特性扫除了竞争的恶劣环境，当然，民族医药营销的全球化需要我国综合国力的提高。其三，民族医药市场营销的手段和方式的选择是品牌建设的重要方面，品牌的价值不仅仅在于品牌本身所具有的属性，而是包括了它在被消费和被购买的过程中可能被激发出来的一系列价值。人们不是通过占有某种品牌而消费一定的资金，而是通过消费某种品牌而延伸自身的价值。可见，营销是消费者价值链创生的活动机制，而品牌是消费者价值链创生的物质载体。

各种品牌反馈方式将品牌的成长机制和发育所需要的因子呈现出来，根据消费者的直言式主动反馈方式和假言式代理反馈方式的信息收集与数据分析，经营者就能发现在市场营销的过程中，民族医药在品牌建设与市场营销策略方面需要要采取的措施和改进的方向。

结　语

　　民族医药营销与品牌建设是一体两面的问题。营销是品牌建设的重要方式，营销的目的是为了创建更优品牌；品牌是营销的消费认知基础，品牌的目的是为了满足消费者的多样化需求。营销与品牌的这种交融关系决定了民族医药市场营销与品牌建设之间的不可分离。在学术界和企业管理的实践中均存在将二者分设的现象，品牌专员和营销人员之间似乎有着明显的界限。这种分化的方式显然是错误的。从企业经营管理的角度来看，医药市场营销与品牌管理之间是一体的，这是系统思维方式在企业管理中的运用。企业的活力在于企业内各要素之间的相互补益与相互作用，而品牌的影响力在于通过诸要素之间的不断重组与建构延伸人们的欲望，满足消费者的个性化需求。品牌不但延伸了自身的价值，也延伸了消费者的价值。前者是物的价值的膨胀，膨胀系数反映了品牌力的强弱；后者是行为的价值延伸，延伸系数反映了品牌经营文化内涵的大小。

民族医药市场营销在文化哲学的视角看来，它构成了品牌建设与文化传统、医药营销与伦理精神、医药消费与受众心理的内在联系。消费与营销均不是纯粹的物理价值的寻求与权衡，而是在价值体系的再造中延续人的联想和存在感。文化哲学的视角使经济的单向性追求成为价值的体系化追求。人们在消费的过程中使经济价值、文化价值、社会价值融为一体，这是品牌建设需要着力的思考点，也是市场营销得以顺利实现其目标的关节点。目前，我国民族医药市场营销实践的发展相当迅速，而与其相适应的学术研究和理论探索却相对停滞。在现有的研究方式与研究成果看来，更多的是将民族医药品牌镶嵌在市场营销的一般理论之中。几乎有着这样的普遍现象：人们只需要将"市场营销"全部改成"医药市场营销"就变成了医药市场营销的专著。这类专著的价值是非常有限的，在理论上它没有任何新的东西来呈献给实践活动和文献受众，在实践上它失去了针对专门领域的营销活动的指导作用。当然，民族医药市场与医药市场又有着不同的地方，甚至在许多地方有着完全不同的规律，比如在科学技术的使用和配方的公开化方面，民族医药品牌建设具有保密性，而一般医药市场却寄希望于某种最为先进的技术力量和生产设施，这在需要传统配方和传统工艺的民族医药品牌建设看来，也许是难以融接的。

当前民族医药营销与品牌建设出现了一些新的问题，也遇到了前所未有的机遇。一方面是通常所谓的西医的普及和不断发展，在健康卫生领域取得了卓越的成就，民族医药似乎进入冬天。甚至一些著名的科学家也质疑中医药是否能够成为一种科学。在这样的时代背景下，传统民族医药产业的发展必然受到威胁。不过，随着西医药的进一步发展，与它卓尔不凡的疗效同时产生的还有它那难以根除的毒副作用，这如同一个噩梦一样纠缠着西医药的进一步普及。由此而有一股回归民族医药辩证治疗和"治未病"的思潮在民间诞生。人们似乎更加相信传统民族医药在养生保健方面的春风化雨般的作用，而对那些通过化学药物控制以及外科手术上的"病后治疗"心有余悸。有着更为乐观前景的新传媒的发展促进了民族医药常识的传播，人们通过新媒体更为便捷地知晓了民族医药的奇妙之处，各种祖传秘方和民间科学家如雨后春笋般诞生，他们四处宣传传统医药文化的精妙。可见，就整体而言，民族医药所遇到的挑战稍逊于它所遇到的机遇。而随着物质丰盛社会的到来，一种深受诟病的"过度医疗"现象产生了，一些人将医药产品当成商品一样消费，也正是在这样的时代背景下，医药市场营销才成为一个热门的行业。大街小巷充斥的社会药店宣告了医药卫生的大众化和平民化，更揭示了医学"仁术"走向医药"商道"的时代机密。

民族医药市场营销有着自身独特的经营模式，本书认为组合化要素模式是一种值得探讨的重要思路——它是"思路"而不是"模板"。民族医药品牌的生成与民族医药营销是两个相辅相成的过程——它是"过程"而不是"板块"。无论是现代理性精神的发展还是非理性消费激情的喷发，都宣示了现时代民族医药春天的到来，在市场营销中形塑品牌，在品牌化经营策略中实现营销目的。从外在标识到内在精神，从包装到价值链，民族医药营销与品牌建设之间的内在关联得到了较为充分的体现。而对民族医药品牌的评估既是民族医药市场营销的重要调研基础，也是品牌建设的前提准备。品牌评估既可以是外在的评估，也可以是内部评估。在民族医药品牌评估方面，它具有其他行业和领域不曾遇到的困难和特殊性，对品牌的评估任务只能交由品牌所有者进行，第三方独立评审将成为保密配方和企业商业机密的重要威胁。品牌评估的目标不在于在市场环境中确立等级秩序，就民族医药市场而言，更重要的是通过内修和外饰，使民族医药品牌进一步提升品牌力。这也是民族医药营销的最终目标，通过这个目标才能使企业在盈利能力建设与品牌文化建设之间不至于失之偏颇。更为重要的是，民族医药文化的精神内核和医疗保健功能在绿色消费成为时代标识的今天具有无可替代的作用。从而对民族医药的营销管理和品牌建设，与其说是单纯的经济问题，不如说是一个经济 – 文化 – 健康三位一体的综合性社会问题。从这个角度来看，民族医药经营管理更具有了由"商道"转入"人道"的自身特质。

参考文献

［1］（美）萨伯罗托·森古普塔.品牌定位——如何提高品牌竞争力.马小丰，宋君峰，译.北京：中国长安出版社，2009.

［2］（美）杰克·特劳特.大品牌大问题.耿一诚，许丽萍，译.北京：机械工业出版社，2011.

［3］（美）法兰.医聊：医药代表拜访指南..张志扬，孙峰，译.3版.北京：电子工业出版社，2009.

［4］（美）科利尔，弗罗斯特.医药代表实战指南.季纯静，译.北京：电子工业出版社，2013.

［5］（美）戴维·阿克.创建品牌优势.李兆丰，译.北京：机械工业出版社，2012.

［6］（美）阿克.品牌相关性：将对手排除在竞争之外.金珮璐，译.北京：中国人民大学出版社，2014.

［7］（英）苏珊娜·哈特，约翰.莫非.品牌圣经.高丽

新，译.北京：中国铁道出版社，2006.

[8]（美）戴维·阿克，埃里克·乔基姆塞勒.品牌领导.耿帅，译.北京：机械工业出版社，2012.

[9]（美）艾·里斯，劳拉·里斯.互联网商规11条：互联网品牌圣经.寿雯，译.北京：机械工业出版社，2013.

[10]（美）威廉·沙门.品牌创建与形象保护.长春：时代文艺出版社，2003.

[11]（美）凯文·莱恩·凯勒.战略品牌管理.吴水龙，等译.北京：中国人民大学出版社，2014.

[12]（美）戴维·阿克.管理品牌资产.吴进操，常小虹，译.北京：机械工业出版社，2012.

[13]（美）杜拉·E.科耐普.品牌智慧——品牌战略实施的五个步骤.赵中秋，罗臣，译.北京：企业管理出版社，2006.

[14]（法）舍瓦利耶，马扎罗夫.奢侈品品牌管理.卢晓，编译.上海：格致出版社，2008.

[15]（英）马特·黑格.品牌的成长.陈丽玉 译.北京：九州出版社，2006.

[16]（美）艾·里斯，劳拉·里斯.品牌22律.寿雯，译.太原：山西人民出版社，2011.

[17]稻香.品牌延伸法则.北京：机械工业出版社，2006.

[18]贺爱忠.品牌自主创新机制研究.北京：经济科学出版社，2008.

[19]胡惠林，李康华.文化经济学.太原：山西人民出

版社,2006.

[20]侯历华.个人型和社会型象征意义对品牌忠诚的作用研究.上海：上海财经大学出版社，2010.

[21]柳思维.市场营销学.长沙：中南大学出版社，2007.

[22]仲崇玉.医药代表的五把利剑.北京：企业管理出版社，2010.

[23]冯丽云，李英爽，任锡源.差异化营销.北京：经济管理出版社，2006.

[24]卫海英.品牌危机管理.广州：暨南大学出版社，2011.

[25]史立臣.新医改下的医药营销与团队管理.北京：中华工商联合出版社，2013.

[26]傅书勇.医药营销管理.北京：清华大学出版社，2014.

[27]张登本，张景明.医药营销.西安：西安交通大学出版社，2011.

[28]侯胜田.医药营销调研.北京：中国医药科技出版社，2009.

[29]上官万平.医药营销：医药代表实务.六版.上海：上海交通大学出版社，2012.

[30]刘徽，时健，黄竹青.医药市场营销技术.上海：上海第二军医大学出版社，2012.

[31]冯国忠.医药市场营销学.北京：中国医药科技出版社，2008.

［32］罗臻 . 医药市场营销学 . 北京：清华大学出版社，2013.

［33］甘湘宁，杨元娟 . 医药市场营销实务 . 北京：中国医药科技出版社，2013.

［34］葛光明 . 医药市场营销学 . 北京：中国医药科技出版社，1997.

［35］荆丰 . 领导模式与组织绩效关系研究：以澳大利亚医药销售企业为例 . 上海：复旦大学出版社，2012.

［36］季骅 . 医药市场营销 . 上海：上海交通大学出版社，2007.

［37］张毅 . 中美日跨文化营销模式分析 . 华东经济管理，2002（4）.

［38］范秀成 . 论西方跨国公司品牌管理的战略性调整 . 外国经济与管理，2000（10）.

［39］魏农建 . 品牌管理：基于互动关系的管理节点 . 上海经济研究，2007 （10）.

［40］马永生 . 品牌关系管理：品牌管理的未来趋势 . 经济管理，2001（22）.

［41］王新新 . 应该用两种品牌理论来指导品牌管理 . 经济纵横，2006（4）.

［42］陈洁 . 从分散到整合：品牌管理的新阶段 . 南开管理评论，2000（2）.

［43］柴璐 . 中国企业品牌管理的危机分析和对策思考 . 中国青年政治学院学报，2004（6）.

［44］魏农建，冀丽俊 . 信息沟通缺陷下的品牌管理 . 上

海大学学报：社会科学版，2005（2）.

［45］陈润奇.信仰性消费及其在品牌管理中的应用.现代管理科学，2011（4）.

［46］蔡亚禄.新形势下医药企业营销渠道的选择及控制.安徽医药，2007（4）.

［47］李志华，向士英，王俊英.医药行业整合营销模式探析.医药产业资讯，2005（5）.

［48］邵景波，姜明辉，尹杜鹃.中国企业品牌理念和管理误区.中国软科学，2003（5）.

［49］盛德荣.我国医药企业新型营销模式的构建.重庆科技学院学报：社会科学版，2010（14）.

［50］盛德荣.医药市场营销DTC模式的忧思.经济视角，2011（5）.

［51］樊建锋.博客营销模式研究.五邑大学学报：社会科学版，2010（1）.

［52］何佳讯，秦翕嫣.企业市场品牌资产理论与实证研究评析.外国经济与管理，2008（3）.

［53］张楠，张露，王一涛.中国仿制药品牌战略研究.科技管理研究，2012（23）.

［54］潘成云.品牌市场生命周期管理理论论纲.中国流通经济，2006（9）.

［55］王良锦，李蔚.独特销售主张的生成机理研究.中国流通经济，2007（10）.

［56］贾让成，邵明杰.地方历史品牌的困境及管理策略.经济体制改革，2005（5）.

［57］厉以宁.我国经济社会发展的四大问题.改革与开放,2008（3）.

［58］何华征.域内文化冲突与市场营销终端客户管理.中国流通经济,2012（7）.

［59］王盛.国内企业可持续发展过程中的品牌竞争策略研究.福建论坛:人文社会科学版,2006（11）.

［60］魏盛杰.触摸时代的新渠道营销模式探索.中国传媒科技,2012（1）.

［61］庄贵阳.中国经济低碳发展的途径与潜力分析.国际技术经济研究,2005（8）.

［62］李胜.低碳经济:内涵体系与政策创新.科学管理研究,2009（1）.

［63］窦云婷,孙国罡.多渠道营销模式对消费者购物心理的影响.企业导报,2012（1）.

［64］何华征.论新媒体时代经济的广义虚拟化及其实现路径.现代经济探讨,2015（2）.

［65］马畅.医药企业营销伦理的理论研究.科技进步与对策,2003（16）.

［66］申光龙,袁斌,吴新宇.中国医药保健卫生企业采用整合营销传播的战略线索.南开管理评论,2002（3）.

［67］梁毅,魏默涵.对医药企业在营销活动中道德建设的探索.现代管理科学,2011（8）.

［68］陈春发,朱意.中国医药制造企业盈利能力与影响因素的实证研究.经济体制改革,2008（3）.

［69］周寄中,饶涓.中国医药高技术产业及其市场资源

配置的态势分析.南开管理评论，2001（1）.

［70］王文涛，付剑峰，朱义.企业创新、价值链扩张与制造业盈利能力——以中国医药制造企业为例.中国工业经济，2012（4）.

［71］聂绍芳.我国医院营销行为中存在的问题及对策分析.中国流通经济，2008（2）.

［72］程艳霞，方勇.入世后我国医药企业发展对策研究.经济纵横，2002（6）.

［73］邢花，董丽，贾征，陈洁.国际药品市场营销策略研究.国际贸易问题，2001（2）.

［74］胡家荣.市场调研在医药工作中的应用.情报杂志，1999（1）.

［75］张安顺.通化市制药企业发展战略联盟可行性研究.经济纵横，2009（3）.

［76］盛德荣.边疆民族医药市场要素化营销模式.现代企业，2013（3）.

［77］盛德荣.腾越文化对滇西民族医药品牌的影响.对外经贸，2013（6）.

［78］盛德荣，何华征，李铭.传统医药文化的附魅、祛魅与返魅.医学与哲学，2013（1）.

［79］何华征.激情消费与营销愿景.现代经济探讨，2013（5）.

后　记

　　本书是我在教学工作之余对民族医药市场营销与品牌建设理论思考的阶段性总结。从流行的市场营销学和医药市场营销学教材体系看来，将营销学与品牌学作为一个体系来研究是非常罕见的。民族医药市场营销是专门性的实践领域，对它的理论叙述应该更多地强调应用性和可行性。传统的教材体系试图做到这一点。但遗憾的是，在医药市场营销的专门著作中，往往存在将市场营销教材体系与医药商品强扭在一起的严重缺陷。这个缺陷直接导致了医药市场营销在理论上的欠缺和实践上的盲目。

　　民族医药市场营销的更大独特性在于它既是"民族"的，又是"医药"的，若按照流俗采取镶嵌的方式撰写专门论著，在形式上很容易获得新颖性。然而，这种镶嵌的知识体系的生硬性注定它无法在营销实践和产业发展中起到指导作用。本书试图立足于民族医药市场营销的独特性而将营销手段与营销目的作系统性的论述。在这一过程中，毫无疑问会遇到民族医药品牌建设与维持的问题，民族医药产品以何种"品牌力"而维护自身的市场地位和发扬其社会作用，这是文化价值和经济价值的二位一体。本书正是在这样的立场上对民族医药市场营销与品牌建设的互构和互动进行了力所能及的论证与阐发。

本书在研究过程中参考了大量的文献资料，大部分文献以脚注的形式予以注明，也有一些前人研究成果被列在"参考文献"当中，但仍可能存在另一些对本书成稿有着一定贡献的文献无法明确标示，在此一并表示感谢。由于作者水平所限，书中的观点和论述方式可能有悖读者意见，恳请批评、赐教，亦不胜荣幸！

盛德荣

2015 年 2 月 8 日